TJ Special File 19

コンディショニングテーピング

評価に基づき 機能を補う

古石隆文 著

まえがき

　ラグビーを長くプレーしていた私にとって、テーピングは約20年前の高校生の頃から馴染みの深いものでした。高校生1年生の試合中にタックルを行った際に、左肩を脱臼し、その後監督が再発予防のためのテーピングを施してくださっていました。しかし関節可動域の大きな肩関節を非伸縮性のホワイトテープで固定していたため、テープの位置が合わなかったときには不安定性が助長されていたことを覚えています。

　伸縮性テープには大学生のときに出会い、拙い技術ではありましたがその効果に大きな感銘を受けました。その後も、膝関節、足関節、肘関節、手関節など様々な部位に対して、テーピングには幾度となく助けられてきました。

　時を経て、現在ではスポーツ現場にトレーナーとして関わることとなりました。現在においても過去においても患部を固定するということはテーピングの主な目的ですが、必要以上の関節運動制限は、多関節の連動性に対する悪影響が生じるという弊害が存在しています。いうならば予防のためのテーピングが新たな痛みや機能不全をつくる可能性があるということです。

　そこで、ケガの回復もしくはケガの予防を目的とした局所の安静保持とともに、多関節に及ぶ連動性を損なわないテーピングをコンディションテープの目的と定義づけしています。その概念の基本は解剖学や伝統的な包帯法といった既成の概念を組み合わせ、積み重ねることからテーピング方法を考案していたもので、この数年を費やして体系化することができました。

　昨今ではテーピングの素材や手法などが様々に世の中に存在しています。しかし、コンディションテープを含め、決して単一で万能的な手法や方法論は存在せず、その特徴を目的に合わせていかに活用するかが大切であると考えています。またテーピングを施す身体は千差万別であ

り、動く目的も多岐にわたります。ですからテーピングを施す前とその後には、その多様な身体や動きを隈なく観察することが必要となり、ここがコンディショニングテープの一番の大切なポイントです。

本稿がスポーツ現場、またそれのみならず、幅広い方々の健康をサポートする手段の一助になれば、何よりも幸いと感じます。

最後に『月刊トレーニング・ジャーナル』で、17カ月にわたり連載させていただき、このような書籍発行の機会をくださいました、トレーニング・ジャーナルの浅野編集長はじめ編集部の皆様に、厚くお礼申し上げます。

　　　　　　　　　　　　　　　　　　　　　　2018年8月吉日
　　　　　　　　　　　　　　　　　　　　　　　古石　隆文

コンディショニングテーピング

まえがき ……………………………………………………………………… 2

1 求められる機能に応じた「コンディショニングテーピング」の提案 …… 6
コンディショニングとは
「コンディショニングテーピング」の概念と目的
テーピングによる弊害
貼付時の評価
基本的な原理原則

2 基本的なテーピング手法と貼付時のポイント …… 17
基本的テーピング手法の名称と作用
「コンディショニングテーピング」貼付時のポイント

3 足部への「コンディショニングテーピング」…… 24
足部：その1　アーチサポート〜足部全体の支持性を高める〜
足部：その2　足部アライメントの修正〜母趾の回旋不安定性も含む〜

4 足関節への「コンディショニングテーピング」…… 36
足関節：その1　ホワイトテープによる足関節サポート
足関節：その2　足関節の安定性向上(1) 機能性を高めるための「仕上げ」のテーピング
足関節：その3　足関節の安定性向上(2) 足関節の背屈機能を補助するテーピング

5 膝関節への「コンディショニングテーピング」…… 53
膝関節：その1　膝関節の支持機能をサポートするテーピング
膝関節：その2　靭帯の損傷など急性期に対応する固定力を重視したテーピング
膝関節：その3　前十字靭帯・内側側副靭帯損傷からの復帰時に生じる不安定性に対するテーピング

目次

6　腰部への「コンディショニングテーピング」 ……………… 72
　腰部：その1　骨盤や腰部の支持性を高める
　腰部：その2　骨盤や腰部の固定力をさらに高める

7　胸郭への「コンディショニングテーピング」 ……………… 83
　胸郭を保護することで、痛みや負担を軽減して動ける状態にする

8　肩への「コンディショニングテーピング」 ……………… 89
　肩：その1　機能を極力制限せずに安定性を発揮する肩関節のテーピング
　肩：その2　脱臼リスクへの対応

9　肘への「コンディショニングテーピング」 ……………… 98
　支持性を高め機能的動作が可能となる肘関節テーピング

10　手関節への「コンディショニングテーピング」 ……………… 105
　手関節（手首）の安定と把持機能を高める

本書は『月刊トレーニング・ジャーナル』2016年7月号〜2017年11月号に「コンディショニングとしてのテーピング」として連載されたものを加筆・修正し、再編集したものである。
編集協力●山村　聡
ブックデザイン●青野哲之（ハンプティー・ダンプティー）

1 求められる機能に応じた「コンディショニングテーピング」の提案

コンディショニングとは

　「コンディショニングテーピング」を説明するにあたり、まずはコンディショニングという言葉の概念の整理から始めます。
　一般的にコンディションとは「調子」「状態」を指し、その動名詞形であるコンディショニングは「調整」「調節」「体調や環境などよい状態へ整えること」となります。
　公益社団法人日本スポーツ協会のアスレティックトレーナー教本による定義でも「コンディション＝ピークパフォーマンスを作る全ての要因」とされ、コンディショニングは「ピークパフォーマンスを作る全ての要因を、ある目的に向かって望ましい状態に整えること」とされています。
　つまりコンディショニングとは「整える」ことといえます。よって身体的な調整という意味にあっては、トレーニングやボディケア（治療）、リハビリテーションもコンディショニングを構成する要素といえます。
　また、コンディショニングは大きく2つの時制で分類することができます。それは「現在」と「未来」であり、前者は「今現在、備わっている能力を最大限に発揮させる状態に整える」ことであり、後者は「目的とされる時（未来）に最大限の能力を発揮できる状態に整える」ことになります。
　ボディケアは主として現在に対する、そしてトレーニングやリハビリテーションは主に未来に対するコンディショニングと考えることができます。その視点から考えた場合、「コンディショニングテーピング」は

「現在」に対するコンディショニングであるといえます。

　著者が所属する「5-RELAXコンディション・ラボ」においては、コンディショニングとは「全体がより調和のとれている状態へ整えること」と位置づけています。

　つまり、どのような目的・状態に対しても「これさえやっておけば問題ない」というような取り組みでよしとするのでなく、複合的、多角的、連鎖的な取り組みにより機能性を改善し、包括的に全体が調和される状況・状態へ収めることをイメージしています。

　広義には、疾患など身体異常に限らず、思考、感情、目標達成に向けた取り組み、個人の枠組みを超えてチームの運営、ひいては人生設計、企業活動、社会情勢など、人という存在の内外に発生する様々な要素や状況を調和させることであり、ある意味では世界保健機関＝WHO（World Health Organization）が定義する「身体的・精神的・社会的な健康」の状態をより快適な方向へ誘導することの全てを指すと考えています。

「コンディショニングテーピング」の概念と目的

　テーピングは、様々な素材のものが、各々の理論に基づき、多様な目的に対して使用されていますが、主な目的は「関節運動の制限＝固定」となります。しかし、関節運動を制限するということは、同時にそれにより運動連鎖の制限や、正しくない動きを生じさせるリスクが発生することを踏まえなければなりません。

　テーピングというツールからコンディショニングを捉えた場合、テーピングは身体の機能不全に対して改善を図るために実施するもので、それによってほかの部位に二次的な悪影響を及ぼすことなく、全身における運動の連動性の維持、もしくは改善により、よりスムーズな動作へと導くことを意図します。これらを「コンディショニングテーピング」と位置づけています。

　つまり「コンディショニングテーピング」の目的は、全身的に協調された動作を誘導することであり、患部局所の安静を図るための強い固定というよりも、全身の運動連鎖（キネティックチェーン）において正し

くない動きの原因となる機能障害に対して、補正を行うことになります。

そういった機能不全を起こす要因の多くは、局所の支持性の欠如であり、その原因は先天的・後天的を問わず、関節弛緩性や筋収縮機能不全、骨のアライメント不良などによります。また逆に、キネティックチェーンを利用することによって、目的とする関節運動の制限や支持性を遠隔的につくり出すことも可能となります。

時期に対する実践的な適応においても「コンディショニングテーピング」の適応は外傷直後や急性炎症期よりも、リハビリテーション期や競技復帰の初期、または慢性的な痛みの原因となるような本態的な弛緩性や、ケガの後遺症により生じた機能不全などを恒久的に補完していく際に有効であると考えています。

テーピングによる弊害

テーピングは局所の支持性を高めると同時に、運動の制限が発生します。運動の制限は、それ自体がテーピングの目的となることもありますが、逆にマイナスの要素として、その制限が不良肢位を誘発・形成させることもあり得ます。

局所の固定を主眼に置いたテーピングの場合、全身性の運動連鎖に対して悪影響を及ぼすことはよくあり、そのように形成された不良肢位での運動を行った場合には、誤った解剖学的身体運動連鎖が誘導されることにより、局所的にも全身的にもケガの誘発リスクが生じるほか、筋肉の適切な発達を妨げたり、左右差の増幅を引き起こしたりと様々な弊害が考えられます。

たとえば、足関節捻挫の予防テーピングにおいて、背屈制限を生み出してしまうことにより、後方重心を誘導してしまうことでパワーポジションの形成を阻害したり、全身性の柔軟性を低下させたり、膝や腰部の疼痛を引き起こしたりすることがあります。ほかのケースとともに、実例を挙げていきます。

写真 1-1

写真 1-2

写真 1-3

写真 1-4

例：足関節捻挫のテーピングによる背屈制限から生じる後方重心の誘発
（写真 1-1、2）。

肘関節のテーピングにより、過度の伸展制限から生じる肩関節の挙上制限の誘発（写真 1-3、4）。

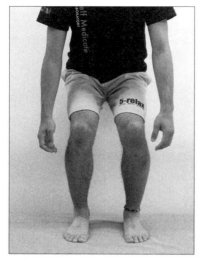
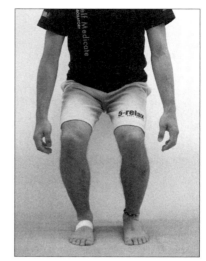

写真 1-5　　　　　　　　写真 1-6

　リスフラン関節部アンカーテープの過剰な圧迫による中足立方関節部機能不全からの下肢外旋誘導（写真 1-5、6）。

　こういったキネティックチェーンの正しくない動きによる影響を軽減させるうえで、「コンディショニングテーピング」の概念は非常に重要だと考えています。
　もちろん、時と場合により、局所の固定が全身性への悪影響よりも優先されるケースが、スポーツ現場や職業の場においては存在します。ただ「コンディショニングテーピング」の持つ概念や手法を踏まえることで、その固定もより機能的に力を発揮し、全身性への悪影響を軽減させることができるものと考えます。

貼付時の評価

　全てのトレーニング、リハビリテーション、療法においてと同様に、最も重要なことは評価です。
　目標（理想形）が存在し、現状を知ること（評価）により、認識され

たギャップを埋めるためという形で、初めてその手段・手法が目的のある取り組みに変わります。

　そのためにはまず目標地点を定めることが重要です。理想的な状態を理解しているからこそ、そこへ至るプロセスを導くことができます。逆にいうと、評価によって示された現状により、取り組む道すじが定まります。ゴールに辿り着くための道すじはひとつとは限りません。故に何を評価するかにより、取り組みの方向性が選択されるともいえます。

　「コンディショニングテーピング」は、定められた目的に対する機能不全を補正・補完するものであるため、機能不全を生じさせる原因を多角的に評価する必要があります。局所性・全身性から内的（身体）・外的（環境）など多角的な要素が存在します。これら多角的な要素を考慮することによって、テープの一貼り一貼りに意味が生じるといえます。

　では「コンディショニングテーピング」において評価の対象となる要素を整理してみます。

内的（身体）要素：
- 体重
- 貼付部の状態（ケガの程度）
- 貼付部の骨アライメント
- 柔軟性
- 弛緩性
- 筋力
- 疲労度
- 安定性（不安定性）
- 皮膚の状態
- 内科疾患
- 精神状態（緊張状態）　など

外的（環境）要素：
- 競技特性
- ポジション特性
- サーフェス（地面や床など）

- 天候
- 気温
- 気候
- 着衣装備　など

基本的な原理原則

「コンディショニングテーピング」の手法における要点は、その目的に合わせたポイントの工夫にあります。よって、その貼付方法は一般的なテーピングの原理原則や手法に基づくため、ここで一度テーピングの基本的な原理原則と、貼付方法の名称を整理しておきます。

1. テーピングによって生じる外固定力の作用

関節の支持機構は、靭帯や関節包、または関節面の形状といった関節部そのものの構成体が、最も主要な支持機構になります。加えて、関節運動が生じる際には、その周囲構造（筋膜や皮下組織、皮膚など）に働く物理的な作用も、関節運動を安定化させるための支持力を担っています。これが関節支持機構における外固定力に相当します。テーピングは、そういった周囲の構造によって生じる外固定力を、補助もしくは強化するために用いられます。よって、テーピングを実施する際には、これら外固定力の作用を知り考慮することが重要になります。

2. 外固定力の分類
（1）張力

張力は、物を引っ張る力であり、関節を曲げた際に伸張側の筋肉や皮膚に発生している力です。伸張を阻害することで、最も単純に関節運動を制限する力となります。

例：手関節背側面の長軸方向テープによる掌屈制限（写真1-7）

（2）圧迫力

圧迫力とは、筋肉が収縮する際に、筋肉自体が膨張する力の反作用と

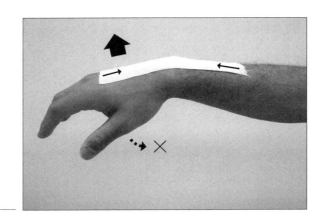

写真 1-7

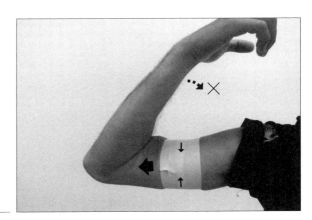

写真 1-8

して生じる力です。筋肉が収縮すると筋腹部の収縮分だけ周径は太く膨らみます。この膨張によって、筋膜をはじめ周囲の軟部組織や皮膚が引っ張られるため、それが筋肉の膨張に抵抗する力（反作用）となります。この力が圧迫力となり、筋肉の内圧の亢進が起こります。強い圧迫力は筋収縮を制限するため関節運動の制限となり、中程度の圧迫力は筋肉の安定性を高めるため筋出力を亢進させます（着圧効果）。

例：上腕二頭筋への環行テープによる肘関節屈曲制限（写真 1-8）

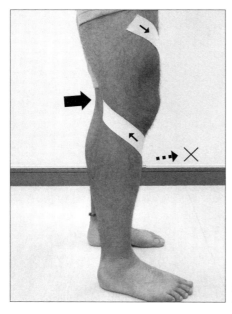

写真 1-9

(3) 槓桿力（こうかん）

　槓桿力とは「てこ」が働く際に生じる力で、シーソーのように硬性の板状の両端に動きが生じるときに発生します。シーソーであれば一端に下方への力を加えると中心の固定部を支点として、他端は上方へ移動します。この力が発生する際には、中心部の支点から両端間に張力が発生すると同時に、支点部には内方への圧（押しつける力）が生じます。これが槓桿力より生じる支持作用です。

　物理的に存在する3種類のどの「てこ」であっても、支点・力点・作用点がある以上、この槓桿力は発生します。人体のほとんどの関節運動はこれらの「てこ」によって構成されており、関節部分はその「てこ」の支点になります。そのため、関節運動が生じる際には、この槓桿力から生じる張力と圧迫力によって関節部への支持力を賄っているといえます。テーピングを用いて槓桿力を活用する際には、支持力のベクトルをテープの伸長方向とは別の方向に変化させたいときに有効です。

例：膝関節スパイラルテープによる伸展制限（写真 1-9）

3. 関節運動の原則
(1) 関節包内運動（構成運動と副運動）
　関節の運動（骨運動）が生じる際には、関節包内で生じる関節面の運動が存在しています。この関節包内運動は、構成運動と副運動に分類されます。これらの運動が阻害された場合、正常な関節運動は生じないことを配慮しなければなりません。また、逆にこの関節包内運動を制限することによって、目的とする運動制限をつくり出すことも可能となります。

1）構成運動
　構成運動は、他動的・自動的骨運動によって生じる関節面の運動をいいます。基本的な構成運動は「滑り」「転がり」「軸回旋」の3つで、生体では通常2つ以上の構成運動が組み合わさった複合運動になっています。

2）副運動
　副運動は、骨運動を伴わないで生じる関節面相互の運動をいい、2つのタイプが存在します。
- 第1型：随意運動に抵抗が加わった際に生じる、関節の構造的な許容限界まで動く関節運動。
- 第2型：筋肉が完全に脱力した際に、他動的な外力によって生じる関節面の離開や滑りなどの運動（関節の遊び）。

(2) 関節の位置（締りの位置と緩みの位置）
　関節には、関節軟部組織（靱帯・関節包など）の緊張状態、関節面の形状、接触面積などにより、関節包内運動が抑制され安定化する位置と、逆に関節包内運動が生じやすく動揺性のある位置が存在します。前者を「締りの位置」、後者を「緩みの位置」と呼びます。テーピングを行う際にも、その肢位がどの位置状態にあるのか、またどの位置状態での固定が望ましいのかを考慮する必要があるといえます。

1）締りの位置
　関節面の適合がよく、かつ周囲の靱帯や関節包も緊張し、外力を加えても安定する。

2）緩みの位置
　締りの位置以外の関節の状態で関節接触面積は小さく、周囲組織の緊張も弱く、外力によって容易に動揺する。その中で最も動揺性の大きい位置を「最大緩みの位置」という。

(3) 凹凸の法則
　関節は基本的に凹面（関節窩）と凸面（骨頭）から構成されています。その凹面と凸面の固定側、運動側によってそれぞれ骨の運動形態が異なるものになります。テーピングにおいてもその運動法則を考慮することで、テーピングによる支持を高めたり、正しくない関節運動を回避したりすることができます。

1）凹の法則
　凸面（骨頭）が固定され、凹面（関節窩）が運動する場合、関節面は骨体の運動方向と同じ方向に滑る。

2）凸の法則
　凹面（関節窩）が固定され、凸面（骨頭）が運動する場合、関節面は骨体の運動方向とは逆方向に滑る。

基本的なテーピング手法と貼付時のポイント

基本的テーピング手法の名称と作用

　テーピングの名称は主にその目的と走行から命名されており、その多くは広く浸透しているため、共通用語として認識しておく必要があります。ここではテーピングの手法と目的を解説していきます。

1. アンカーテープ

　テープ貼付予定部位の上下端や内外側に、最初と最後に貼付する。アンカーという名の通り、貼付するテープのズレを防止する錨の役割を果たし、張力による違和感の軽減を目的とする。

2. サポートテープ

　固定力を生み出すテープの主体となるもので、貼付形態からXサポート、縦方向のサポート、水平方向のサポートなど、様々な形態がある。以下に挙げるテープはすべてサポートテープに分類される。

Xサポート：関節や筋肉の圧迫固定と異常方向への運動制限を目的とする。損傷部や最も支持・圧迫をしたい部分に、2本のテープでX状の交点をつくり、そこを中心に遠位～近位（近位～遠位）に貼付する。

縦サポート：靭帯や腱の走行に沿って貼付するテープで、Xサポートと組み合わせて、3本1セットを基本として貼付する。

水平サポート：広い範囲を全体的に圧迫するために用いられる。大腿部や腰部に使用されることが多く、Xサポートをさらに固定し、圧迫力を増すように貼付する。

サーキュラー：アンカーテープと同様に患肢の長軸に対して垂直方向に一周以上を巻く。数本を重ねることで広い範囲に外圧をつくり、固定力を増す貼付法。

スプリット：伸縮テープの両端または一端を、縦方向に二分割し広げて貼付する方法。関節部の圧迫力や張力の増加を目的に、膝、肘、足関節やアキレス腱に使用される。膝や肘関節では、コンプレッションテープと呼ばれることもある。

スパイラル：患肢の長軸に螺旋状に貼付する方法で、膝や足関節の運動制限を目的として貼付される。槓桿力により、支点部の支持力が高まる。

フィギュアエイト：関節の屈側また伸側を中心として8の字を描くように連続して貼付する方法。関節の固定力の増強を目的に貼付し、指、手、肘、股、膝、足関節などに使用する。

スターアップ：足関節の内外反を制限するテープで、下腿内側側面〜足底〜下腿外側側面へと貼付する。

ホースシュー：足部の内外側縁のどちらかより、踵側面、後方を通り反対側縁に貼付する方法。下方（遠位）から上方（近位）を含めて貼付することもある。

バスケットウィーブ：スターアップとホースシューを交互に組み合わせた貼付法。足関節の強固な運動制限を目的として貼付する。

ヒールロック：下腿〜踵骨〜足部を側面で斜めに結ぶスパイラルの一種

で、踵の内外転の制限を目的とする。距腿関節の側方動揺に対する固定力は最も強いといわれる。

「コンディショニングテーピング」貼付時のポイント

「コンディショニングテーピング」を貼付する際の原則として、巻き方という手法に対する視点だけでなく、貼付後のケアも含めた包括的な視点を持って実践することが「コンディショニング」としてのキーファクターになります。

1. 外圧の均等化

テープの張力を全て同一に合わせるという意味ではなく、患部(関節の位置)に対して外圧(張力)が一定になるように圧加減を変化させます。関節の近接部は内圧の変化が生じやすいので、外圧は減少させておきます。サーキュラーを行うときなどはとくに注意します。

関節部の凹凸が強い部分などは、ガーゼなどの枕子(ちんし)を当てるなど少し工夫をすることで、外圧の均等化を図ることができます(写真2-1)。

2. 面での固定

テープの下縁、上縁を使い分け、肌や貼付面に対して、局所圧が高ま

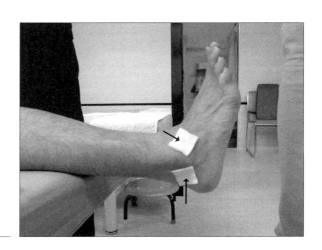

写真2-1

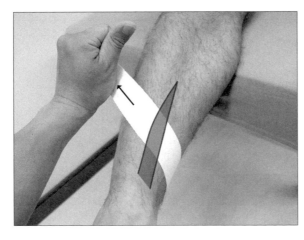

写真 2-2

らないように意識します。

　たとえば腱に対して、テープの端を立てるように（絞めるように）貼付すると、疼痛や関節の可動制限が生じ、皮膚裂傷や腱損傷を引き起こすリスクがあります。

　また、場合によっては、面を当てることで適度な圧迫力を生み出し、外圧により筋収縮を促す効果も機能性を高める手段となります。

　常に貼付部を三次元的に捉え、皮下の解剖学的組織をイメージして、その形状に対して面で当てるように貼付していくことが重要です（写真2-2）。

3. 良肢位での固定

　局所の固定が上行性、下行性にも他関節に波及して影響を与えることを理解し、配慮することが必要です。

　貼付部のみを良肢位にすればよいのではなく、全身の姿勢を正した状態で貼付します。とくに骨盤帯や肩甲帯は可動性が高いため、他部位の貼付であっても、良肢位をしっかりと維持した状態でテーピングを行います（写真2-3〜6）。

4. 起始部・停止部の張力の配慮

　テープの貼付時に両端（起始部・停止部）を強く牽引した状態で貼付

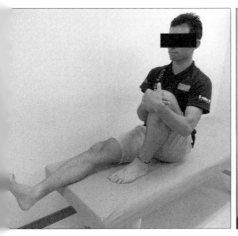

写真2-3 なるべくよい姿勢をとる（座位）

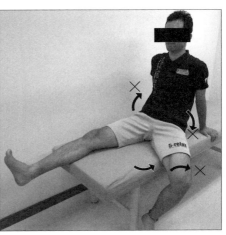

写真2-4 よくない姿勢（座位）の例

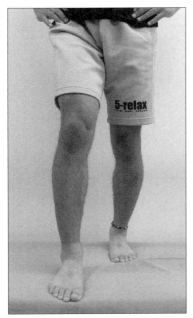

写真2-5 よい姿勢（立位）

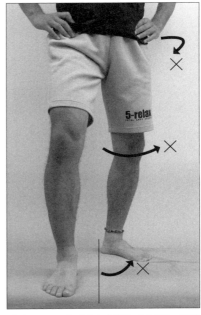

写真2-6 よくない姿勢（立位）の例

21

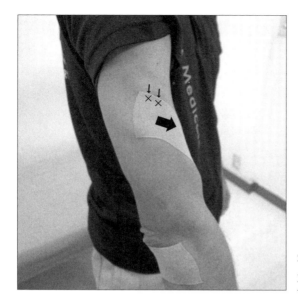

写真 2-7 起始部に張力が生じている例

することにより、皮膚面に対する張力が増し、水疱の形成などの皮膚損傷を生じるリスクが高まります。とくに大腿や腰部など皮膚が軟らかく肉厚な部分は影響を大きく受けるため、テープの起始部・停止部には張力が極力生じないように配慮します（写真 2-7）。

5. 衛生状態の考慮

　身体に貼付した状態での入浴、シャワー、発汗などにより、テープが水分を含むことで雑菌が繁殖したり、衛生状態が悪化するリスクが高まります。皮膚の炎症や損傷は、皮膚の持つ支持性を低下させるため、関節の支持機構にも悪影響を与えると考えられます。

　皮膚がテープ負けしやすい人や、かぶれを生じやすい人は、とくに注意が必要です。予防するためにもタオル、ドライヤーなどによりできるだけ早く乾燥させることが効果的です。また、ビニール袋やラップを用いて濡らさない工夫をすることもひとつです。

　上述した要素を踏まえることで、テーピングはより機能的に関節運動をサポートでき、全身的に協調された動作が可能となります。

局所の機能不全が全身のパフォーマンスを障害しているケースも多々あるため、そのような場合に、この「コンディショニングテーピング」は有効に使用できる手段であり、スポーツ現場において競技能力を向上させることができます。

足部への
「コンディショニングテーピング」

　では実際の「コンディショニングテーピング」の貼付方法を紹介します。まずは足部のコンディショニングとしてのアーチサポートについて解説していきます。

　足部は、建物にたとえると基礎部分になります。基礎が傾けば、その影響は上行性に伝わり、身体全体を大きく崩す原因となります。逆に、土台となる基礎部分が安定すれば、様々な動作が安定する要素をつくることができます。そのため、足部を安定させる、足部の形態を整えるということは、身体を調和させるコンディショニングにおいて最も基礎的な要素となります。

足部：その1

アーチサポート〜足部全体の支持性を高める〜

　アーチサポートといっても扁平足のようなアーチの低下した状態に対して、アーチを上げることのみにアプローチするのではなく、足部を構成する全ての骨を1つのユニットとして捉え、全体の位置関係においてより正しく機能し、足部全体の支持性が高まるようにすることが目的となります。

　アーチサポートでは、クレーマージャパン社の「デニバンライト50mm」を使用しています。伸縮性にとくに優れ、しなやかな伸び縮みがあり、伸縮力の維持性も高いため、面による支持力を効果的に発揮するので「コンディショニングテーピング」の効果を理想的に得ることができます。

まずは足部アライメントを評価します。足部アライメントの不具合や異常可動性（弛緩性）、また立位での重心位置や荷重時のアライメントを確認していきます。とくに踵骨の傾き、距骨の偏移、立方骨の回旋、前足部の捻転などは重要な評価ポイントになります。

評価後「コンディショニングテーピング」を実施しますが、それにより全身性に連鎖して不具合が調整されるように、足部の機能を正常状態に近づけていくことが目的です。

貼付に際しては、まずテープの貼付部分（足部）で良肢位の状態をつくり、テープの走行や圧のかけ方に注意して、適切な貼付を心がけなければなりません。

また、どの部位にテーピングを行うにしても、全身性の良肢位・良姿勢を考慮し貼付することが前提になります。

テーピングの手順とポイント
1. アンカー（サーキュラー）

まずはアンカーを巻きます。内外果の上端にテープの下端がかかる程度の高さに、外回り方向に巻きます。

スタート位置は長母趾伸筋や前脛骨筋の腱よりも内側から始めます。これはテープが腱の上で二重になることによって圧が強くなることを避けるためと、脛骨上の皮下組織が少ないところに貼ることで、テープが滑るのを予防するためです。

全体的に軽く圧をかけますが、アキレス腱が走る後面や腱の走行が多い前面部の圧が強くなりすぎないようにします。とくに腱の上では、テープの縁が腱に強くかからないように注意が必要です。前後面に比べて側面の圧を少し上げ、下腿の形状に合わせることで安定感を増すことができます（写真3-1-1）。

逆の手で良肢位を保ち、できるだけ他動的に支えるようにし、脱力させて腱の浮き上がりを抑えます。

2. 変形ヒールロック：外側

続いて、ヒールロックによる踵骨の安定化を図ります。

踵骨の外側、第5中足骨基底部にかからない位置からスタートし、内

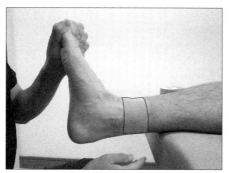

写真 3-1-1

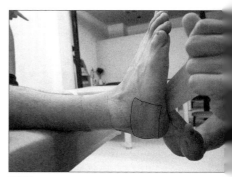

写真 3-1-2

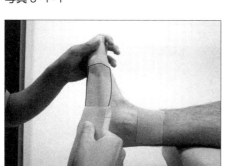

写真 3-1-5

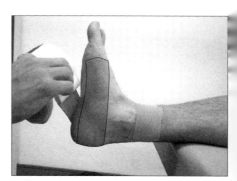

写真 3-1-6

側に向かって軽く圧をかけながら貼っていきます（写真3-1-2）。なお、リスフラン関節の不安定性が強い際には、第5中足骨基底部にテープをかけることで支持性を高めます。この際、事前に評価した踵骨の位置や不安定性の方向を考慮して、テープの上下の圧を調整します。

踵骨が回内方向へ不安定性を示すときは、踵骨にかかるテープの上縁を先に締めて支点をつくり、テープが後方に流れるにつれて下縁を締めるように貼付します。また、踵骨が回外方向へ不安定な場合は、外果の下でしっかりと踵骨の上部をテープの上縁が締めるように圧を加えます。

そのままアキレス腱付着部を越えますが、その際はサーキュラーと同様に、テープの縁が立たないように圧のかけ方に注意します。

踵骨の内側から、踵部の脂肪組織を包むように足底部に向かって走行

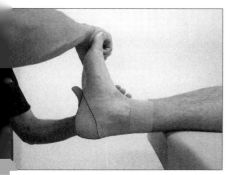 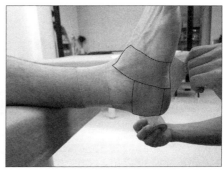

写真 3-1-3　　　　　　　写真 3-1-4

していきます。内側のテープも踵骨を立てる壁になるようにイメージします。また脂肪組織に対してもその形状に合わせて均等な圧がかかるように、テープの内縁と外縁の圧を使い分けます（写真 3-1-3）。

　足底を越えると第5中足骨基底部を包むようにして、リスフラン関節に沿って足背部で終わります。この際もテープの縁が皮膚や腱に対して不適切な圧をつくらないように足部外側ではテープの上縁（近位側）、背側面では長母趾伸筋腱にかからないようにテープの下縁（遠位側）を少し締めるように意識します（写真 3-1-4）。

3. 変形ヒールロック：内側

　足部の内側、母趾MP関節にかからない位置からスタートします。MP関節を越えてかけると母趾の伸展制限となり、離地動作時の運動制限になります。

　まず、踵骨（内果下部）へ向かってアーチ機能がサポートされるように、軽い圧をかけながら貼っていきます（写真 3-1-5）。踵骨の後面まで回ったら、外側のヒールロックと同様に足底部に向かって走行し、踵骨の安定性を向上させます。外果下部を通るときは、テープ上縁の圧を高めると踵骨の支持性が高まります（写真 3-1-6）。

27

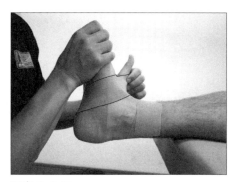

写真 3-1-7　　　　　　　　　　　　写真 3-1-8

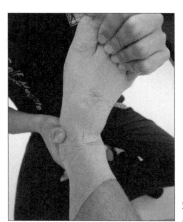

写真 3-1-11

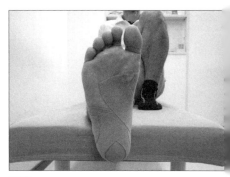

写真 3-1-12

　続いて、足底部からアーチに向かって走行し、舟状骨を持ち上げるようにします。この際も同テープの縁が皮膚を強く引きやすいので注意します（写真3-1-7）。リスフラン関節に沿って走行し、長母趾伸筋腱の圧迫に注意して外側部で終えます（写真3-1-8）。

4. サポートスパイラル

　横アーチの形成においてキーとなる第3・4中足骨頭のあたりからスタートし、内果後方へ向かって横アーチの形成と内側縦アーチのサポートをするために、舟状骨を下から支えるように貼っていきます（写真3-1-9）。

28

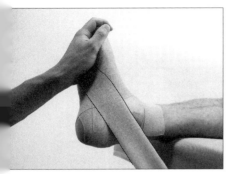
写真 3-1-9

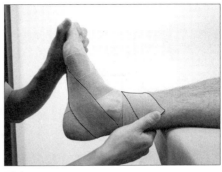
写真 3-1-10

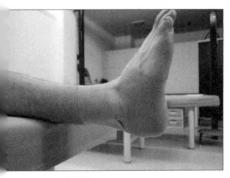
写真 3-1-13

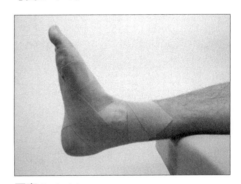
写真 3-1-14

　アキレス腱に強い圧がかからないように注意しながら、そのまま外果の上部を通って、脛骨から腓骨へと、またぐようにしてアンカーまで到達するところで終えます（写真 3-1-10）。

5. 確認
　全体のテープを貼付したあとに、圧のかかり具合をチェックしていきます。その際、長母趾伸筋腱の圧迫が強いと背屈動作の制限が生まれるので、テープに切り込みを入れて圧を分散させるようにします（写真 3-1-11）。完成図は写真 3-1-12～14 です。
　アライメントの安定や、正しい走行、圧の加わり方を確認します。また、立位時の足部アライメントや重心位置、膝や腰への上行性の影響を

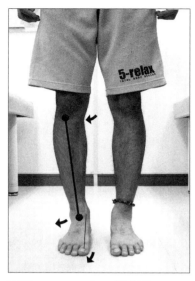 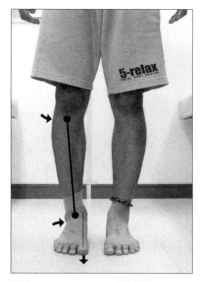

写真 3-1-15　テープ貼付前　　　　写真 3-1-16　テープ貼付後

確認します。それらにおいて改善を図る項目が及第点に達していれば、足部アーチサポートの「コンディショニングテーピング」の完成です（写真 3-1-16）。

足部：その2

足部アライメントの修正〜母趾の回旋不安定性も含む〜

　足部機能において、母趾の安定性は重心位置の安定化、足部からの身体支持性を発揮するためになくてはなりません。母趾に回旋不安定性があった場合には、母趾の機械的安定性が損なわれるだけでなく、ウィンドラス機構も機能不全を生じ、足部の支持性は大きく低下します。

　評価は、立位静的アライメント、歩行やスクワット動作による重心位置など基本的にアーチサポート同様ですが、その際に母趾屈曲伸展力の評価（MMTなど）、徒手的な弛緩性（異常可動性）の評価などを同時に行っておく必要があり、不安定性や機能不全がみられた場合に、このテープを追加します。

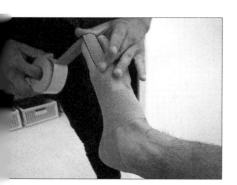 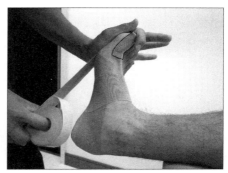

写真 3-2-1　　　　　　　　　写真 3-2-2

　この回旋不安定性に対するテープは、基本的には前項の「足部：その1のアーチサポート」の「コンディショニングテーピング」を施した状態で行います。ただし、足根部の不安定性が強くない場合で、母趾不安定性が顕著な場合はこのテープのみを施す場合もあります。
　では、実際の貼付方法を、アーチサポートを施した状態から始めていきます。

テーピングの手順とポイント
1. ウィンドラスサポート
　母趾の背側でMP関節にかからない位置からスタートします。MP関節にテープがかかると屈曲・伸展制限が生じ、荷重状態での足部機能を低下させます。テープは母趾の屈伸が起こらないように注意しながら、指先を通り、足底方向へ走行します（写真3-2-1）。
　足底部にかかったところで、他動的に母趾を背屈させてウィンドラス機構を活用してアーチを挙上させた状態をつくり、その状態でテープを貼付していきます。この際は母趾の回旋もニュートラルポジションに保持します（写真3-2-2）。

31

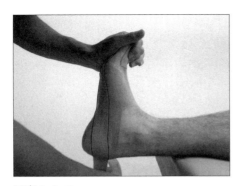
写真 3-2-3

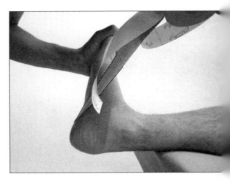
写真 3-2-4

写真 3-2-7

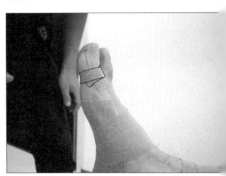
写真 3-2-8

　内側縦アーチに沿って、舟状骨を持ち上げるように圧をかけながら踵骨の内側に向かって走行します（写真 3-2-3）。

　そのまま踵骨の周囲を一周するように貼付し、踵骨外側前部から足底部に入り、足底部からは舟状骨の引き上げを狙って、アーチの頂点に向かって圧をかけながら走行します（写真 3-2-4）。さらにリスフラン関節を包むように、足部の内側から足背を通って外側へ向かいます。この際も足部の形状に対して面で捉えるようにテープの当て方に注意します（写真 3-2-5）。

　リスフラン関節を一周して足底部内縁まできたら、テープは舟状骨を持ち上げるように踵骨の後方へ向かって走行していきます。写真 3-2-4 の走行と併せてＶ字状に舟状骨を持ち上げるイメージになります（写真 3-2-6）。

32

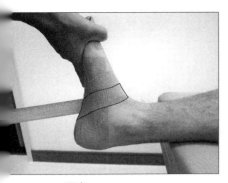 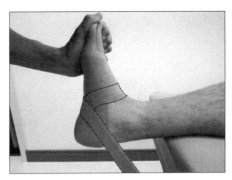

写真 3-2-5　　　　　　　　　写真 3-2-6

　踵骨の内側をアキレス腱の方向へ引き上げたあと、外果上方を通ってその高さで一周巻き、テープを切ります。この際に長母趾伸筋腱や前脛骨筋腱を圧迫しないように注意します（写真3-2-7）。

2. 母趾アンカー

　母趾の基節骨の位置でアンカーを巻きます。「デニバンライト30mm」を半分の幅に切って巻きますが、母趾の回旋不安定性を安定させるためにも、ニュートラルポジションになる方向にわずかに圧をかけて貼付します（写真3-2-8）。簡易なものではありますが、このアンカーの貼付のみでも、母趾の支持性や母趾球荷重の感覚を高め、内側支持を誘導することができます。

　ただし、テープが太かったり、圧迫が強すぎたり、また、貼付位置がずれることでIP関節やMP関節にかかると可動制限になりますので、注意が必要です。

写真 3-2-9

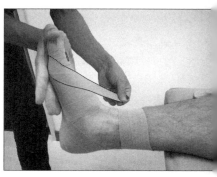

写真 3-2-10

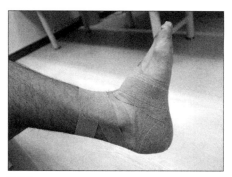

写真 3-2-13

3. 母趾側方支持テープ

　スタート位置での母趾への違和感を軽減させるため、先端を母趾の腹の部分に合わせてカットします（写真 3-2-9）。カットで残したへさき部分を母趾基節骨のアンカーに沿うように、母趾基節骨の内側から底部を通って、母趾球からMP関節の内側を支持するようにして、足背部へ走行します（写真 3-2-10）。

　足背部からは外果の下方へ向かって斜めに走行し、踵骨のアキレス腱付着部付近へ貼付します（写真 3-2-11、12）。

34

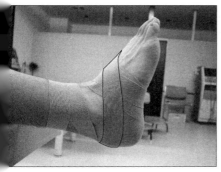 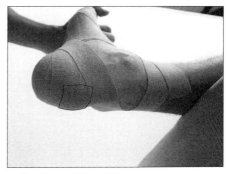

写真 3-2-11　　　　　写真 3-2-12

4. 確認

　以上の工程で完成です。巻き終えた状態が写真 3-2-13になります。テーピング後は母趾支持性や動作の安定性を確認し、その効果を改めて評価します。

　使用したテープは30mmのタイプになります。50mm幅では、面での圧迫力や支持力の形成に有効ですが、30mm幅のものは、起始・停止に対する力学的なベクトルラインに沿うように張力を形成することができ、足趾など小さな関節に対しても運動を直達的・介達的に誘導することに適しています。

足関節への 「コンディショニングテーピング」

足関節：その1
ホワイトテープによる足関節サポート

　これまでデニバンに代表される伸縮性テープを使用した足部のコンディショニングテーピングの巻き方を紹介してきました。この章では伸縮性のないホワイトテープを使用して、足関節の固定を含めた足部の「コンディショニングテーピング」を紹介します。

　適応としては、距腿関節の不安定性が強いケースで、いわゆる足関節捻挫の予防（再発予防）やリハビリテーション期などに適しています。また、費用面においても、伸縮性テープよりも低コストで実施することが可能です。チームや個人の経済的負担も少ないため、使いやすい手法と思います。

テーピングの手順とポイント
1. 下地を整える
　まずは、テーピングの土台づくりとしてアンダーラップを巻いていきます。これは従来のアンダーラップの巻き方でかまいませんが、テープのズレを避けるため、なるべく重なりをつくらずに巻きます。また、圧を均一化するために、外果と内果の前下方と後下方に枕子を入れておくことで、フィット感をより増すことができます。枕子にはカット綿などを使用するとよいでしょう（写真4-1-1）。

　続いてアンカーを巻きます。アンカーは長母趾伸筋腱を圧迫しすぎないように注意し、腱自体もできる限り浮き上がらないように他動的に足

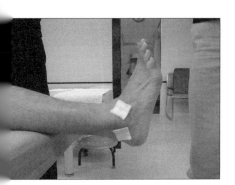 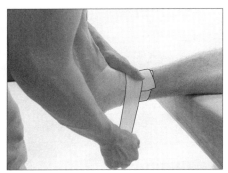

写真 4-1-1　　　　　　　　　　　写真 4-1-2

関節を90°にしておきます。アキレス腱に対しても、テープの縁が立たないように注意を払います。逆に内・外側部は少し圧を高めることで着圧効果による支持力を高めることもできます。

　また、テープの始点を皮下組織の少ない脛骨前面の内側部に取るとテープの始点が滑りにくく、圧や走行のコントロールの精度が高まります。アンカーに限らず、始点に皮下組織の少ない部分を選ぶことは、このようなメリットがあります。

　アンカーは下腿部に2本巻きますが、一般的な足背部のアンカーはここでは巻きません（写真4-1-2）。これは、テープの通る本数が多くなりやすい部位であるため、リスフラン関節の可動性を制限しすぎないように本数を減らす狙いがあり、次のヒールロックでもアンカーの効果を代用できるためです。

2. ヒールロック

　続いて、ヒールロックを行います。ヒールロックでは、足部の形状に合わせてテープを捻るようにしながら圧のかかり方を調整します。38mmのテープ全体をうまく使い、上端と下端それぞれの圧を調整して、面で捉えるようにすることがポイントです。この圧のかけ方については、アーチサポートの項（P.24）を参照してください。

　踵骨を止めたあとは足背部を通って、アンカーの役割を兼用できるようにします。

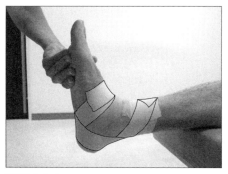
写真 4-1-3

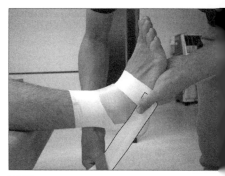
写真 4-1-4

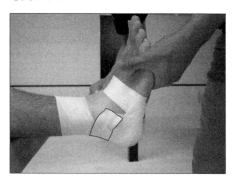
写真 4-1-7

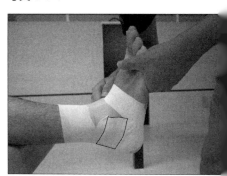
写真 4-1-8

　最後に荷重時のアーチをつくるイメージで足底部を押し、テープを止めます。内側と外側の両方から巻き、両側からサポートして足部の側方で停止します（写真 4-1-3）。

3. ホースシュー

　次にホースシューを巻きます。小趾側から始まり母趾側で終わる手順ですが、ホースシューを巻く際には足部の位置、とくに踵骨の位置を良肢位に保つことと、テープを捻りながら圧のかかり方を調整することが、重要なポイントになります。

　1本目は、アンカーとなるヒールロック上から踵骨の上方を狙ってやや斜めに貼付します（写真 4-1-4）。

　2本目は1本目とほぼ同じ位置からスタートし、1本目よりも角度を

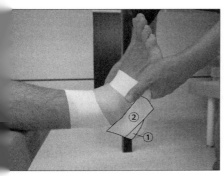

写真 4-1-5

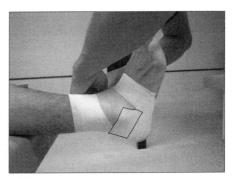

写真 4-1-6

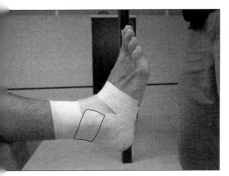

写真 4-1-9

つけて貼付します。このとき、底背屈運動の制限をつくらないために、外果にはかからないように注意します（写真 4-1-5）。

　この1本目と2本目のテープは踵骨不安定性を制限する要素がとくに強く、どの面に圧をかけるかが非常に重要となります。回外方向に不安定性が強い場合はテープが踵骨後方へ抜けるところで上端を、回内不安定性が強い場合は下端を引くように圧を加えます。

　3本目は、アンカーにかからない位置からスタートして、下1/2をホースシュー、上1/2が外果にかかる位置から貼付していきます。こちらも動きの制限を出さないために、外果前方へは強い圧がかからないようにします（写真 4-1-6）。

　4本目でさらに上方を貼付していきますが、3本目と同様に外果に圧を加えないために、外果の膨隆によって浮いたテープをそのままにしておきます（写真 4-1-7）。

　5本目では、下1/2が外果より下側、上1/2が外果の遠位部にかかるように始めます。この際、4本目の浮かせた部分を優しく包み込むようにして巻くことで、外果への圧をかけることなく貼付することができ、荷重時や底背屈時の腓骨の動きを妨げません（写真 4-1-8）。

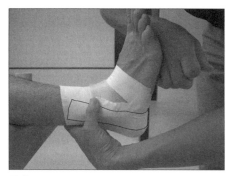

写真 4-1-10

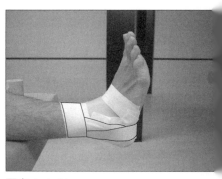

写真 4-1-11

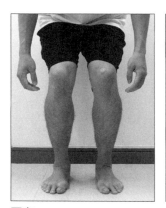

写真 4-1-14

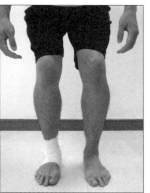

写真 4-1-15

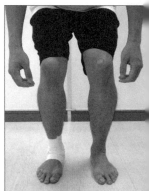

写真 4-1-16

　最後に6本目を5本目の上端に少しかかるようにして貼付します（写真4-1-9）。

　全ての工程において、足部の形状に合わせてテープの面で捉えて圧を調整することが重要となります。また、ここでは6本のテープを用いましたが、個人の足部の形状によりテープの本数は増減させる必要があります。

4. スターアップ

　内側部から踵骨の底面を通って外側へ向かって貼付していきます。スターアップでもテープを面で捉え、足部の形状に合わせて、テープの縁にうまく圧を加えていくことが重要です。また、良肢位で行うことを継

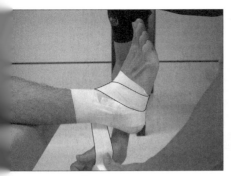
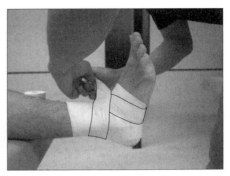

写真 4-1-12　　　　　　　写真 4-1-13

続していきます（写真 4-1-10）。内側は内果下部の載距突起を支持するように面を当てると、距骨下関節の支持性が高まります。

　重心線上の底となる踵骨の前部で交差するように 3 本巻き、最後にサーキュラーを貼付して剥がれないようにします（写真 4-1-11）。スターアップもここでは 3 本使用していますが、選手の体重や求められる支持力、また使用するテープの強度によっても本数の増減を考慮します。

5. フィギュアエイト

　最後に、フィギュアエイトを行います。内側縦アーチの頂点を通るように足底に向かって垂直に進み、足底を通過して外側へ抜けます。この際、中足骨の基底部を通るようにして足背部へ抜け、脛骨と腓骨の遠位部の周囲を囲むように一周します（写真 4-1-12）。フィギュアエイトも足関節の前面を通るため、長母趾伸筋など前面の伸筋腱にストレスが生じないように注意を払います。

　最後に足部の内側で停止するようにテープを切り、完成となります（写真 4-1-13）。

6. 確認

　貼付後、その効果を見てみます。スクワットでは、テーピング貼付前（写真 4-1-14）、一般的な足関節テーピング（写真 4-5-15）とコンディショニングテーピング（写真 4-1-16）を比較すると、重心の位置や下

41

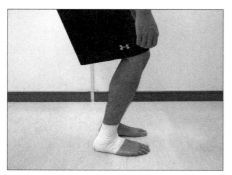 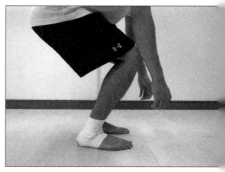

写真 4-1-17　　　　　　　　　　写真 4-1-18

肢全体の連動性に差が見られます。

　側方からの比較でも従来の巻き方（写真 4-1-17）と「コンディショニングテーピング」（写真 4-1-18）では、背屈に対する運動制限が生じていないことが明確です。

　このように、テープの走行や圧を考慮することで、足部の安定性や可動性が高まります。こうした考え方により、全身のコンディショニングやパフォーマンスの向上を狙うことが可能となります。

足関節：その2

足関節の安定性向上（1）

機能性を高めるための「仕上げ」のテーピング

　ここでは、ホワイトテープのみを使用したテーピングでは補いきれない足部の機能的な支持と誘導、およびアライメントの調整を目的とします。「足関節：その1」で紹介した「コンディショニングテーピング」のように機能性を重視したテーピングに重ねることも有効ですが、より強い固定を目的としたテーピングの上からでも十分にコンディショニングテーピングの効果が発揮されます。そのため、より固定力のある機能的テーピングとして活用することが可能です。また、大部分をホワイトテープによって貼付することで、経済性の高さも確保できます。

　テーピングの順序の基本的なことは、先に施されるテーピングは関節

の固定や関節面の副運動の制動、圧の均等化（着圧の形成）に有効となります。その理由としては、テーピングに厚みがないほうが、関節面の構造を正確に捉えた位置で、局所に効率的に働く張力を形成できることがひとつです。また、重複したテーピングの上から圧を加える場合は、重複の程度により圧のロスやムラが生じやすいため、広い面に対しても均等な圧をつくるうえでは、皮膚により近い面でのテーピングのほうが有効になります。

　反対に、アライメントの補正や運動方向の誘導としては、上に貼るテープのほうが有効に機能すると考えられます。当然ですが、上に貼るテープはそれまでに貼付されているテーピングによる張力や、それによる誘導が生じていることを加味して貼付する形になります。テーピングを重ねることで、張力の合成が生じます。よりあとから施されるテーピングのほうが、誘導力がより大きく残存すると考えられます。これは、そのテーピングそのものが発揮する張力に対する合成が少ないためです。

　このテーピングは、すでにホワイトテープによるテーピングが施されているのが前提で、そこからさらに足部機能を補助・向上させることを目的に行います。そのため、運動方向を支持したり、アライメントを補正したりする目的で行うテーピングは、全体的な着圧による支持を高めたり、関節の固定を目的で行うテーピングのあとに続いて、目的とする機能性を高めるための「仕上げ」の工程として実施することが望ましいと考えています。

テーピングの手順とポイント
1. 変形ヒールロック：外側

　ホワイトテープの上から、伸縮性テープ「デニバンライト50mm」を使用して変形ヒールロックを行っていきます。

　第5中足骨基底部からスタートし、踵骨の外側から後面を通って内側から踵骨底面部に向かいます。このときにテープの上縁にテンションをかけて踵骨を立てるようにします。外果にテープがかかってしまうと、不要な運動制限が生じるため注意します。

　踵骨後方を通り、踵骨底面から再び第5中足骨基底部あたりに出るようにし、リスフラン関節上に圧を加えながら内側まで走行し（写真

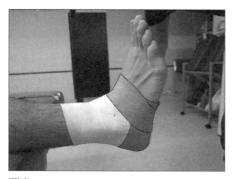
写真 4-2-1

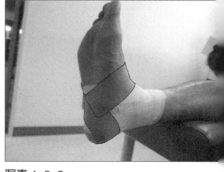
写真 4-2-2

写真 4-2-5

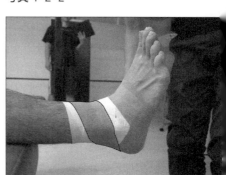
写真 4-2-6

4-2-1)、内側縦アーチの頂点を少しだけ越えたところで停止します（写真 4-2-2）。

リスフラン関節にテープをかけていく際は、第5中足骨のところで手による支点をつくり、圧のかけ方を調整しながら貼付していきます（写真 4-2-3）。

「コンディショニングテーピング」では、張力を利用して圧をかけたいところで、支点をつくってテープの幅を活かして力を加えていくことが重要です。また、それによりテープの端など局所にかかる過剰な圧の緩和もでき、圧迫による痛みや皮膚損傷の予防にもなります。

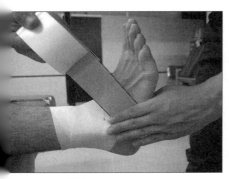

写真 4-2-3

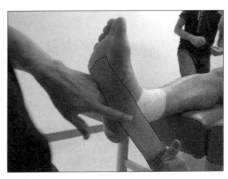

写真 4-2-4

写真 4-2-7

2. サポートスパイラル

続いて、アーチの機能を整えるポイントとなるサポートスパイラルを行います。第3・4中足骨頭のあたりからスタートして内果後方へ向かって、横アーチ形成と内側縦アーチのサポートができるようにしていきます。その際、内果の下方で支点をつくり、テープの下縁を締めて踵骨に圧がかかるようにします（写真 4-2-4）。

テープは、そのまま踵骨の下方を通り、外果の上方へ向かいますが、踵骨の後方に向かう際にはテープの上縁を締めていきます。ここではアキレス腱に圧がかかりすぎないように注意します（写真 4-2-5）。

外果の上方を通ったあとは、そのまま脛骨の内側あたりで停止します。前脛骨筋や長母趾伸筋など、足関節伸筋群やその腱に余分な圧がかからないようにします（写真 4-2-6）。

このサポートスパイラルと変形ヒールロックの2つで、足部に内外両側から適度に圧が加わり、足部の機能がサポートされるイメージになります（写真 4-2-7）。

足底部の支持をつくる際に、この踵前内側部の支持や圧迫の方法がキーポイントとなります。内側縦アーチやその内側面に対してテープの端

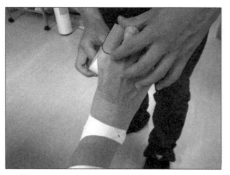
写真 4-2-8

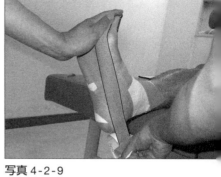
写真 4-2-9

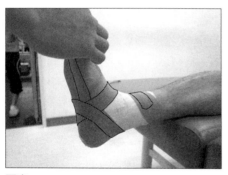
写真 4-2-12

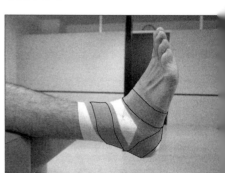
写真 4-2-13

が強くかかると、皮膚や長母趾屈筋腱、後脛骨筋などの局所的な圧迫により伸長制限が生じます。加えて母趾MP関節の背屈制限が生じてウィンドラス機構が障害されます。そうなると歩行やランニング時の足部内側の機能不全が生じ、重心は外方へ誘導されてしまいます。機能性を維持向上させるうえで、母趾の背屈制限をつくらないことは非常に重要な要素となります。このように適度な圧が加わると、足部のアライメントも安定するので、母趾の屈伸や足関節の底背屈が抵抗なく行えるようになります。

3. ウィンドラスサポート

　内側縦アーチの機能をさらにサポートするためにウィンドラスサポートを行います。テープは「デニバンライト30mm」を使用しています。

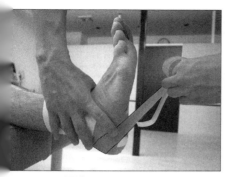

写真 4-2-10

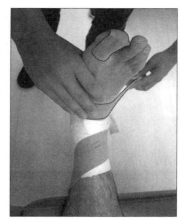

写真 4-2-11

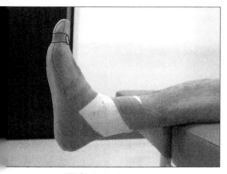

写真 4-2-14

　母趾の背側でMP関節にかからない位置からスタートし、母趾の先を通って底面に通ります（写真4-2-8）。底面では、他動的に母趾を背屈させてウィンドラス機構を活用してアーチを挙上させ、MP関節を支点にして、内側縦アーチに沿って踵骨の内側に向かって貼付します。その際に舟状骨を持ち上げるようにテンションをかけ、上縁を締めていきます（写真4-2-9）。

　踵骨を回って外側から足底部へ走行し、踵骨外側を支点にしてテープの下縁を締めていきます（写真4-2-10）。そのまま足底部から舟状骨を引き上げながらアーチの頂点に向かい、そこからリスフラン関節を包むように足背から外側へ向かいます（写真4-2-11）。

　リスフラン関節の外側から再び足底部を通り、内側から舟状骨を持ち上げるように踵骨の後方へ走行し、舟状骨をV字状にサポートしていき、サポートスパイラルと同様にアキレス腱から外果の上方を通って脛骨の内側あたりに停止します（写真4-2-12）。

　最後に、母趾の基節骨部にアンカーを巻いて完成です（写真4-2-13、14）。母趾アンカーも母趾の回旋不安定性を安定させるためにニュート

47

写真 4-2-15

ラルになる方向にわずかにテンションをかけて貼付します。

　このように、ホワイトテープの上からでも、「コンディショニングテーピング」として伸縮性テープを施し、足関節を固定して安定性を高めながら、さらに足部の機能を高めて本来の働きができるようになります。全身性の動作連動性も確保し、パフォーマンスを維持向上させることができます（写真 4-2-15）。

足関節：その3
足関節の安定性向上（2）
足関節の背屈機能を補助するテーピング

　ホワイトテープによる足関節のテーピングに加えて伸縮性のあるテープを用いることで、さらに機能性と安定性を追加するテーピング方法を紹介します。「1.変形ヒールロック（外側）」「2.サポートスパイラル」までは前項と同様の手順となり、以降がバリエーションになります。足関節の背屈機能を補助することで、底屈位での不安定性や、弛緩性の強い状態に対する足関節の支持機能を補っていきます。

TJ Special File
月刊トレーニング・ジャーナルの連載記事を単行本化

TJ Special File 1
エクセレント・コーチング
宮村 淳 編 ●定価1,650円（本体1,500+税10%）

TJ Special File 2
リスクトレーニング
ハラルド・ボルスター 著　綿引勝美 訳 ●定価1,980円（本体1,800+税10%）

TJ Special File 3
「子どもの世紀」へのプレゼント
子どものからだと心・連絡会議 編著、ベン・サルチン・正木健雄 著 ●定価1,375円（本体1,250+税10%）

TJ Special File 4
考えて食べる！実践・食事トレーニング
奈良典子 著 ●定価1,650円（本体1,500+税10%）

TJ Special File 5
スポーツ現場で知っておきたい 薬の話
原田知子 著 ●定価2,200円（本体2,000+税10%）

TJ Special File 6
姿勢チェックから始める
コンディショニング改善エクササイズ
弘田雄士 著 ●定価1,760円（本体1,600+税10%）

TJ Special File 7
やめろと言わない禁煙指導
多田久剛 著 ●定価1,100円（本体1,000+税10%）

TJ Special File 8
トレーニングを学ぶ 体育授業における理論と実践 [改訂版]
下嶽進一郎 編著 ●定価1,870円（本体1,700+税10%）

TJ Special File 9
スポーツ医科学トピックス１
川田茂雄 著 ●定価1,760円（本体1,600+税10%）

TJ Special File 10
身体言葉（からだことば）に学ぶ知恵１
辻田浩志 著 ●定価1,760円（本体1,600+税10%）

TJ Special File 11
選手の膝をケガから守る チームで取り組む傷害予防トレーニング
大見頼一 編著 ●定価1,760円（本体1,600+税10%）

TJ Special File 12
スポーツ現場の傷害調査 ケガの予防につなげるための取り組み
砂川憲彦 著 ●定価1,100円（本体1,000+税10%）

TJ Special File 13
ムーブメントスキルを高める これなら伝わる、動きづくりのトレーニング
朝倉全紀 監修　勝原竜太 著 ●定価1,210円（本体1,100+税10%）

TJ Special File 14
コンディショニングTips[前編] スポーツ選手の可能性を引き出すヒント集
大塚 潔 著　[対談] 中村千秋 ●定価1,760円（本体1,600+税10%）

TJ Special File 15
コンディショニングTips[後編] スポーツ選手の可能性を引き出すヒント集
大塚 潔 著 ●定価1,540円（本体1,400+税10%）

TJ Special File 月刊トレーニング・ジャーナルの連載記事を単行本化

TJ Special File 16
米国アスレティックトレーニング教育の今
阿部(平石)さゆり 著　●定価1,650円（本体1,500円+税10%）

TJ Special File 17
ケトルベルトレーニング　入門からギレヴォイスポーツ(競技)まで
後藤俊一 著　●定価1,760円（本体1,600円+税10%）

TJ Special File 18
スポーツ医科学トピックス 2
川田茂雄 著　●定価1,760円（本体1,600円+税10%）

TJ Special File 19
コンディショニングテーピング　評価に基づき 機能を補う
古石隆文 著　●定価1,320円（本体1,200円+税10%）

TJ Special File 20
スポーツ医学検定練習問題集 1　3級・2級（各74問）
一般社団法人 日本スポーツ医学検定機構 著　●定価1,650円（本体1,500円+税10%）

TJ Special File 21
初めての骨折　マッサージ師が経験した「動き」と「痛み」の体験記
沓脱正計 著　●定価1,100円（本体1,000円+税10%）

TJ Special File 22
パフォーマンステストとは何であるのか　スポーツ選手のためのリハビリテーションを考える (1)
スポーツ選手のためのリハビリテーション研究会 編　●定価1,980円（本体1,800円+税10%）

TJ Special File 23
投球障害からの復帰と再受傷予防のために
牛島詳力 著　●定価1,650円（本体1,500円+税10%）

TJ Special File 24
スポーツ医科学トピックス 3
川田茂雄 著　●定価1,760円（本体1,600円+税10%）

TJ Special File 25
スポーツパフォーマンス分析への招待
勝利の秘密を読み解く、もう1つの視点
橘 肇 著　中川 昭 監修　●定価2,200円（本体2,000円+税10%）

TJ Special File 26
サッカー選手のためのプライオメトリクス
エビデンス紹介と実践例
松田繁樹、内田裕希 著　●定価1,650円（本体1,500円+税10%）

TJ Special File 27
スポーツにおける呼吸筋トレーニング
山地啓司、山本正彦、田平一行 編著　●定価1,650円（本体1,500円+税10%）

▼お問い合わせ・ご注文は下記まで
ブックハウス・エイチディ　〒164-8604　東京都中野区弥生町1-30-17
電話 03-3372-6251　FAX **03-3372-6250**
e-mail **bhhd@mxd.mesh.ne.jp**　http://www.bookhousehd.com

テーピングの手順とポイント
1. 変形ヒールロック：外側
2. サポートスパイラル
　ここまでの手順は前項同様。

3. 足関節スパイラル
　前項までのサポートスパイラルの次に、「デニバン 50mm」を使用して足関節スパイラルを行っていきます。内反の制限が主な目的になります。

　踵骨の遠位部足底面からスタートし、踵骨の外側に向かってテープの上端が第5中足骨基底部にわずかにかかるようにしながら、足背部方向へ引き上げます（写真4-3-1）。

　足関節前面部を通る際は片方の手で足部を支持し、伸筋群の腱が浮き上がらないようにします（写真4-3-2）。

　足部の前面を通過し、内果の上縁を通って後面で停止します（写真4-3-3）。

4. 変形ヒールロック
　この変形ヒールロックの主な目的は、踵骨の回外不安定性に対する支持になります。回内方向に不安定性の強い場合は、逆方向に貼付するケースもあります。

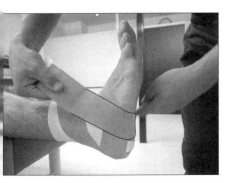

写真 4-3-1

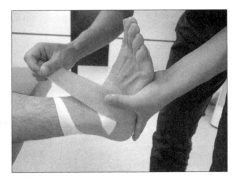

写真 4-3-2

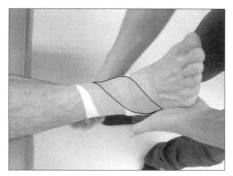

写真 4-3-3

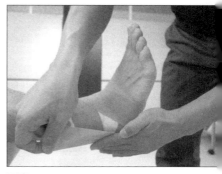

写真 4-3-4

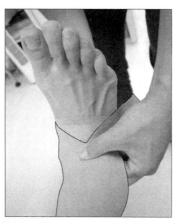

写真 4-3-7

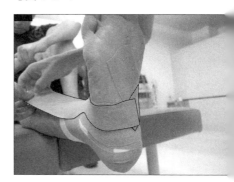

写真 4-3-8

　テープは、踵骨の内側から斜め45°を目安に踵骨の先端部を包むようにして通り、外果の後方を目指して引き上げます（写真4-3-4）。この際、踵部先端での圧が高すぎると踵部の脂肪組織を無理に変形させてしまうため、踵部先端は包み込むような感覚でテープを巻き、踵部を越えたところから、関節の誘導や支持を賄える強さでしっかりとテープを引く必要があります。

　そこから脛骨前面に向かって走行し、足関節スパイラルと並行するようにして貼付し（写真4-3-5）、脛骨の前面で停止します（写真4-3-6）。

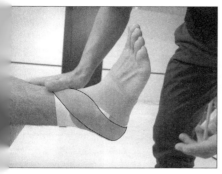

写真 4-3-5

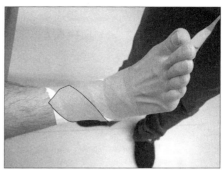

写真 4-3-6

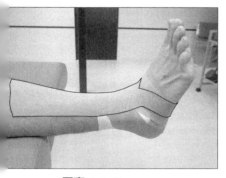

写真 4-3-9

5. 背屈サポート

　足関節の背屈機能をさらにサポートするために、「デニバン75mm」を使用した背屈サポートを行います。これにより底屈位での関節不安定性を軽減させます。

　まず、足部の約半周分の長さの切れ込みをテープの中心に入れます。次に、その切れ込みの終点がリスフラン関節の第3中足骨基底部あたりになるようにして、両端を足部の内側と外側から巻き、足底部で交差するようにします（写真4-3-7、8）。この際、切れ込みの頂点を距腿関節の中央部に正しく合わせることと、テープがリスフラン関節を越えて中足部までかからないように注意します。テープはそのまま脛骨前面中央まで引き上げ、前脛骨筋をはじめ足関節の背屈筋群をサポートします（写真4-3-9）。

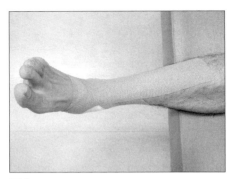
写真 4-3-10

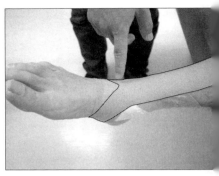
写真 4-3-11

6. 確認

　テーピングの完成形が写真 4-3-10 になります。テーピングが完成した段階で一度歩行をするなど、動きやテープの圧を確認します。荷重時に背屈制限などがあれば、切れ込みの終点部分にさらに切れ込みを入れるなど、機能性が高まるよう調整します（写真 4-3-11）。

　このように、ホワイトテープの上から行う「コンディショニングテーピング」によって、背屈が補助され、足関節のとくに底屈位での安定性がさらに高まり、従来のような背屈などの運動制限が起きなくなります。

膝関節への「コンディショニングテーピング」

膝関節：その1

膝関節の支持機能をサポートするテーピング

　膝関節は足部や股関節の影響を受けやすく、靭帯や半月板、軟骨など重要な軟部組織を損傷しやすい部位でもあります。そのため、受傷経験があれば程度の大小はあっても膝関節の不安定性が出現しやすくなり、再損傷やほかの部位へのストレス、パフォーマンス発揮への影響が出ます。また、先天的な弛緩性による不安定性の影響を受けやすく、スポーツ障害の発生にも大きく関与します。

　とくに屈曲中間位（ハーフスクワット程度）の位置では、膝関節の緩みの最大位置になるため、不安定性は増大します。この際に直達的・介達的な外力を受けることで負傷が発生することが往々にしてあります。また、動作における膝関節の動揺性は、体躯から地面へと伝わるパワーの分散が生じ、またバランス機能の低下にもつながり、競技パフォーマンスとしてもマイナス要因として働きます。こうしたとくに屈曲中間位での膝関節不安定性による影響を防ぎ、膝関節の支持機能をサポートするテーピングです。

テーピングの手順とポイント

　膝関節の「コンディショニングテーピング」では、複数のテープを重ねるため、生地が薄く伸縮性の高い「デニバンライト50mm」を使用しています。

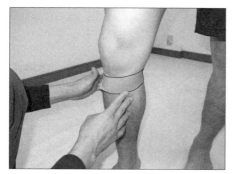
写真 5-1-1

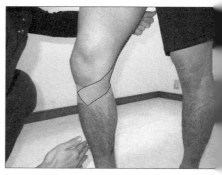
写真 5-1-2

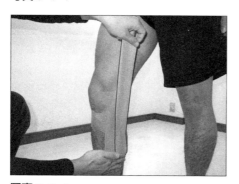
写真 5-1-5

1. アンカー：膝窩支持

　まず膝関節の下方にアンカーテープを巻きます。このテーピングは関節内圧を高めることで、安定性の向上にも大きく貢献します。テープの長さは膝窩下方の腓腹筋筋腱移行部から脛骨粗面を通る高さで、一周の長さに切ります。

　テープの上縁を膝窩の中央の膝窩横紋（しわ）に合わせ、外側から内側の順に関節裂隙に沿って上縁を少し引くように貼付します。こうすることで、屈曲時の膝窩部の詰まりを極力発生させることなく、膝関節深部の内圧を高めることができます。テーピングの停止位置は脛骨粗面の上部にかかる高さにします（写真5-1-1）。

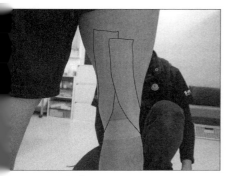
写真 5-1-3

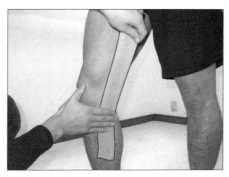
写真 5-1-4

2. ハムストリングスサポート

　次にハムストリングスの機能を支持し、関節の求心性を高めるためのテーピングを施します。内側のテーピングは鵞足部から開始して半腱様筋、半膜様筋の腱に沿うように、大腿後面の中央方向に向かいます。この際、張力をかけながら膝窩部から持ち上げるように貼付していきます（写真5-1-2）。同様に外側へ貼付します。脛骨粗面から開始して内側と同様に膝窩部から引き上げて大腿後面の中央方向に向かいます（写真5-1-3）。大腿後面は皮膚が軟らかいため、停止地点の張力が強くなると皮膚損傷を生じやすく、とくに注意が必要です。

3. 内側サポート

　続いて内側からのサポートを行います。腓腹筋の内側部を支持するために、下腿内側で上部1/3程度から開始して上方へ引き上げながら貼付し、脛骨プラトーの位置で角度を変えて大腿部に沿って走行します（写真5-1-4）。角度を変える際は写真5-1-4のように、手で支点を面状につくり関節面に合わせます。そのまま筋肉の形状に面を合わせながら大腿内側中央で停止します。2本目のテープは内側関節面の後方から半腱様筋内下方を支持するために貼付していきます。1本目のテープと同じ高さ、後方でわずかに重なる位置から開始し、1本目と大腿骨下端の半腱様筋腱部分で交差する形で垂直方向に引き上げていきます（写真5-1-5）。停止位置も1本目と同じ高さにします。

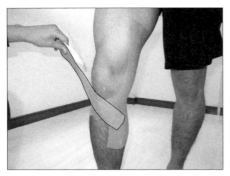

写真 5-1-6

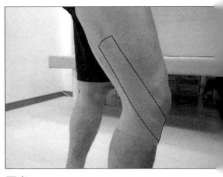

写真 5-1-7

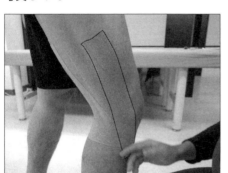

写真 5-1-10

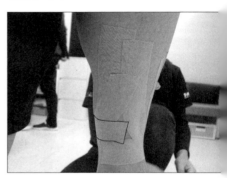

写真 5-1-11

4. V字サポート

　内側サポートの次は脛骨の前方偏位や不安定性を制動するため、正面から側方へ向かってのV字サポートを行います。脛骨粗面の内側下方から開始して脛骨粗面を通り、外側上方へ向かって引き上げます（写真5-1-6）。その際、膝蓋骨運動が制限されないように、膝蓋骨の下縁にテープの上端が沿うようにしながら、外側広筋と大腿二頭筋の中間部に向かって走行します（写真5-1-7）。

　内側へも同様に貼付していきますが、脛骨粗面から開始して膝関節の内側を通って大腿後面の中央へ走行し（写真5-1-8）、ハムストリングスサポートに重なるように、大腿の中央で停止します（写真5-1-9）。さらに続けて外側に貼付しますが、外側2本目のテープは脛骨粗面の外側から開始し、膝蓋骨の外側縁にテープの上端が沿うようにしながら、

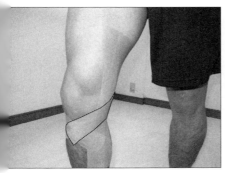

写真 5-1-8

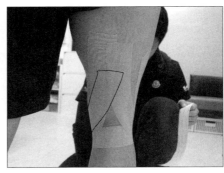

写真 5-1-9

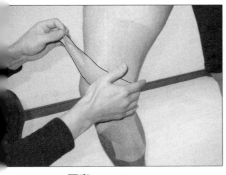

写真 5-1-12

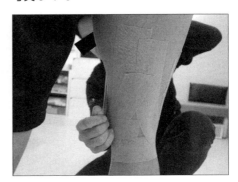

写真 5-1-13

1本目の外側V字サポートよりテープ1本分前方に停止します（写真5-1-10）。

5. スパイラル

次に関節部側面の内圧の亢進による支持を高めるために、内側から外側へ向けたスパイラルを行います。膝関節屈曲運動の制限とならないようにするため、膝窩中央部（膝窩横紋）の上方から内側に向かってテープを貼付し（写真5-1-11）、膝関節内側から膝蓋骨上縁にテープの下端を沿わせながら、大腿外側へ引き上げて外側V字サポートテープに重なるように貼付します（写真5-1-12）。

この1本目に沿って貼付する2本目の開始位置は、膝関節の内側です（写真5-1-13）。そこから1本目の上縁に沿って走行して（写真5-1-

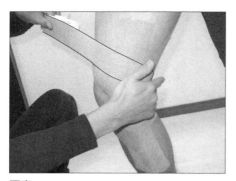

写真 5-1-14

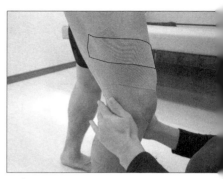

写真 5-1-15

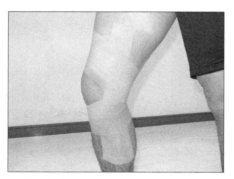

写真 5-1-18

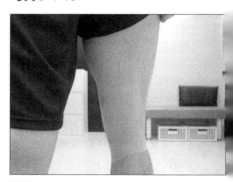

写真 5-1-19

14)、外側V字サポートの先端部に停止します（写真5-1-15）。この内側支持のためのスパイラルは、とくに動揺性が生じやすい屈曲中間位での内側支持を高めるために、非常に大きな機能を果たします。

　これで基本的なテーピングは完成ですが、まだ不安定性が強い場合には、さらに膝関節の機能を高めるために内外両側への一般的なスパイラルを行います。テープが膝窩中央を通るため、深屈曲時にやや詰まり感が生じますが、全体的な支持性はかなり向上します。開始は下腿後面脛骨プラトーの下部から腓腹筋上部を包むようにし、テープの中央が脛骨粗面を通り、内側から膝窩を通って膝関節外側へ向かい、そこから大腿部中央を通って内側サポートに停止します（写真5-1-16①）。走行も同様に内側から外側に向かって貼付していき、膝窩から膝関節内側を通って大腿部中央、外側から内側へ向かうスパイラルテープ上に停止します

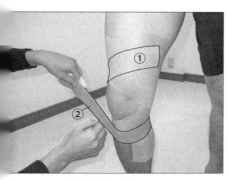

写真 5-1-16

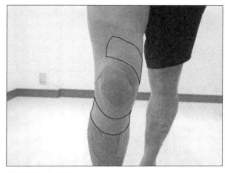

写真 5-1-17

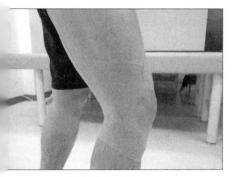

写真 5-1-20

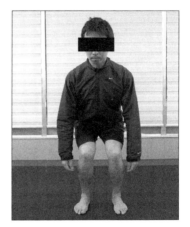

写真 5-1-21

（写真5-1-16②、17）。内・外側ともに後面部に貼付する際は、下腿部は上縁を、大腿部では下縁を少し引くことで、筋肉に対する着圧がつくられ、嫌みのない圧を生むことができます。

これで膝関節の支持性を機能的に高める「コンディショニングテーピング」が完成です（写真5-1-18〜20）。

6. 確認

最後に効果の確認を行います。このテーピングは単にテープの張力のみで機械的に関節運動を制限することが目的ではなく、関節の内圧を調

整して安定性と機能性を高めることを目的としているので、大きな可動域制限やテープによる引っかかり感がないかを確認します（写真5-1-21）。スクワットや片足立ち、歩行動作で膝の安定感や動きのスムーズさ、屈曲中間位での安定性が賄われていることが、しっかりと実感できます。

膝関節：その2

靱帯の損傷など急性期に対応する固定力を重視したテーピング

　膝関節のテーピングの中でも、内側側副靱帯の損傷など急性的な負傷をした場合は、患部を保護しながらも動きを損なわないためのテーピングになります。前項のテープに重ねて行うことで、より高い効果を得ることができます。

　これには「デニバン」を使用します。「デニバン」は「デニバンライト」に比べ伸張性は低い分、高い収縮性と強度を誇ります。大きな運動部位での強い制限をかけるときには非常に有効な素材です。テープ幅は50mmだけでなく、75mmも使用することで広い面での安定性をつくることにより、患部を保護する支持力を高めることができます。

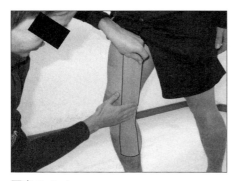

写真 5-2-1

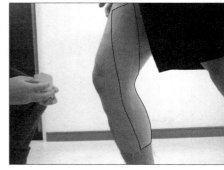

写真 5-2-2

テーピングの手順とポイント

1. 内側サポート

まずは膝関節の内側をサポートします。テープは基本的に「デニバン75mm」を使用します。腓腹筋内側部の支持性も高めるために下腿の内側で上1/3程度の高さからスタートし、上方へ引き上げながら膝関節内側を通ります（写真5-2-1）。関節を通過したあとは大腿内側中央に沿って貼付します。

次に伸展時の関節後内方部の支持を高めるために、1本目よりも後面にずらした位置から2本目をスタートし、直線的に大腿部のほうへ引き上げます。2本目は1本目とは異なり、膝関節の高さで角度を変えることなく貼付するため、1本目と交差する形で前方の位置に停止します（写真5-2-2、3）。

1本目は屈曲時、2本目は伸展時（軽度屈曲時）の内側支持として働くため、動作時において角度にかかわらずより均一な支持性を発揮することができます。

2. V字サポート

次に下腿の前方変位による不安定性を制限するためのV字サポートを行います。これにも「デニバン75mm」を用います。脛骨粗面の内下方からスタートし、脛骨粗面を通過して膝関節外方から大腿二頭筋腱に沿って筋腹を包むように貼付していきます（写真5-2-4）。このときに大

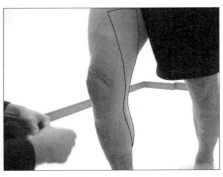

写真5-2-3

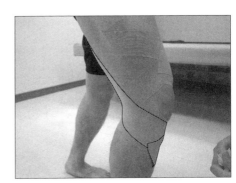

写真5-2-4

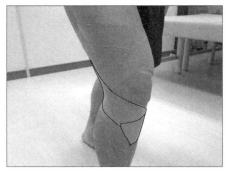
写真 5-2-5

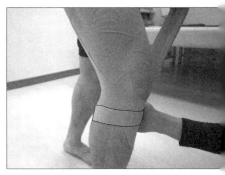
写真 5-2-6

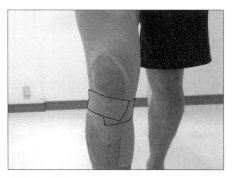
写真 5-2-9

腿二頭筋の筋腹を持ち上げるように着圧をつくることで筋肉の収縮力が亢進し、関節内圧を高めることで、さらに関節を安定させることができます。同様に逆側にも貼付してV字にするため、脛骨粗面の外下方から膝関節内側を通り、半腱様筋に沿って貼付します（写真5-2-5）。

3. 内側広筋サポート：スプリット

続いて、屈曲に伴う関節前内方の不安定性を制限し、ニーインを防ぐために非常に有効な内側広筋サポートを行います。「デニバン75mm」のテープ中央に切り込みを入れたスプリット状のテープを用います。下腿の半周程度の長さになるようにテープの中央に切り込みを入れてY字にし、切り込みを入れた二股に分かれる部分を膝関節の内側に合わせ、二股の部分をそれぞれ腓骨上で合わせるように下腿周囲に一周巻きつけ

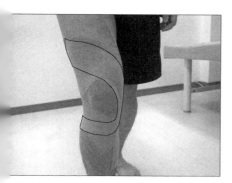
写真 5-2-7

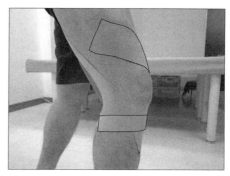
写真 5-2-8

ます（写真 5-2-6）。

それによりテープの開始部が安定したら、基部となる二股の分かれ目の部分を押さえながら、切り込みを入れていないほうのテープを膝蓋骨の内側から上方を通って大腿部外側へ、内側広筋筋腹の前方部を包んで走行するように貼付していきます（写真 5-2-7、8）。

4. サーキュラー

次いで「デニバンライト 50mm」を使用してサーキュラーを行います。主な目的は膝窩部におけるテーピングの浮きを抑え、テンションを維持することにあります。腱を支持する支帯と同様の意味合いです。

テープは脛骨粗面から内回りに巻き、脛骨粗面を通過して停止します。このときに上縁で圧をかけるようにして関節内圧を安定させます（写真 5-2-9）。

5. 内側広筋サポート：スパイラル

「デニバン 75mm」を使用して膝窩後面の少し内側からスタートし、大腿前面中央へ向かって引き上げます（写真 5-2-10）。テープは「3の内側広筋サポート：スプリット」と平行するように貼付していき、同じ長さの位置で停止します（写真 5-2-11、12）。半腱様筋と半膜様筋の腱を安定化させ、内側広筋を広く支持するように着圧をかけることで、大腿内側部を構成する筋群の働きが亢進して内側部分の安定性が強化され

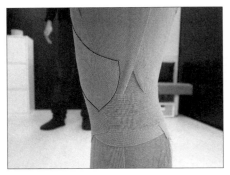
写真 5-2-10

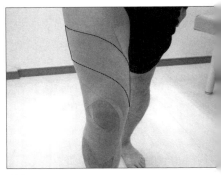
写真 5-2-11

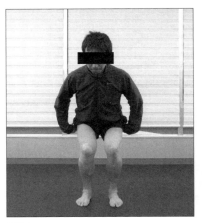
写真 5-2-14

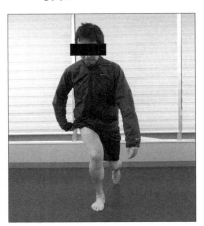
写真 5-2-15

ます。

6. 確認

　最後に効果の確認を行います。固定力を重視するため、テープの詰まりによる多少の屈曲制限は生じますが、多くの競技動作に必要な屈曲角度は維持したまま、強固な支持性を生み出すことができます。急性期においても患部の保護として十分な効果を発揮します。

　内側のサポートによる固定力や安定性だけでなく、不必要な可動域制限が起きていないか、不自然な重心移動や運動連鎖の破綻が起きていな

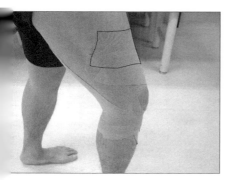
写真 5-2-12

写真 5-2-13

いかを確認します(写真 5-2-13〜15)。

　これらの問題がなければ、膝関節の固定力を重視したコンディショニングテーピングの完成です。

膝関節：その3

前十字靭帯・内側側副靭帯損傷からの復帰時に生じる不安定性に対するテーピング

　このテーピングの目的は、極力、膝関節の屈曲制限をつくらずに、前後方向および内側部分の安定感を強化することです。前十字靭帯や内側側副靭帯の損傷からの復帰時などに生じる不安定性に対するテーピングとなります。

テーピングの手順とポイント
1. アンカー：膝窩サポート

　まずは「デニバンライト50mm」でアンカーテープを巻きます。カットしたテープの中央部分で上縁が膝窩横紋にかかるようにして、上方から下方に圧を少しかけながら外側から内側の順で脛骨粗面に向かってテープを貼付していきます(写真 5-3-1、2)。基本的に膝関節は内側方向への不安定性が高いため、より支持が必要な内側部分をあとで止めるようにしています。膝関節後面の安定化にも強い影響を与えますので、膝

写真 5-3-1

写真 5-3-2

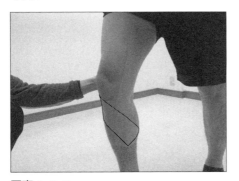

写真 5-3-5

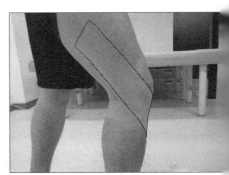

写真 5-3-6

窩横紋を越えてしまわないことや、ハムストリングスや腓腹筋の腱に圧がかかりすぎないように注意が必要です。

2. 内側サポート

　続いて、膝関節内側のサポートを行います。これは大きな制動力が必要であり、広い面で止めることが必要なため「デニバン75mm」を使用します。脛骨内側で中央の高さから開始し、膝関節の内側を通って大腿部内側へ走行していきます（写真 5-3-3）。イメージとしては薄筋や半腱様筋の腱の支持力をサポートすることで、内側裂隙の横面からやや後方を支える形になります。貼付の際にまず開始位置から膝関節まで貼り、膝関節内側で手を添えてから大腿部の形状に合わせてテンションをかける方向を調整することで、より効果的に行えます（写真 5-3-4）。

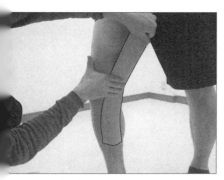
写真 5-3-3

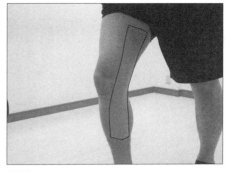
写真 5-3-4

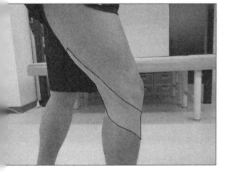
写真 5-3-7

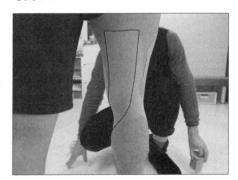
写真 5-3-8

3. 前後方向安定性サポート：Vテープ

　次に、膝関節の前後方向への安定性を高めるため、脛骨の前方変位を制限します。これには「デニバン75mm」を使用します。内側サポートの開始位置に重なるようにスタートし、脛骨粗面を通過して膝関節外側を通って大腿部外側へ走行します（写真5-3-5、6）。

　2本目は脛骨粗面の下方から外側に向かって走行し、1本目より下を通って膝窩から大腿部後面へ走行します（写真5-3-7）。大腿二頭筋をサポートする働きになります。関節の形状によりテープが浮くことがありますが、あとでテープを重ねるのでこの時点で多少テープが浮いていても問題はありません。3本目は2本目の開始位置から内側へ走行し、膝関節内側から大腿部後面へ引き上げながら貼付していきます（写真5-3-8）。これは、半腱様筋が機能するベクトル上でサポートする形を

写真 5-3-9

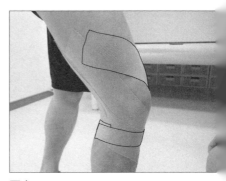
写真 5-3-10

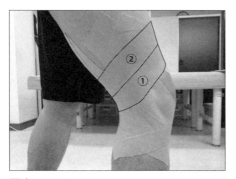
写真 5-3-13

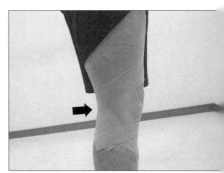
写真 5-3-14

とります。貼付時に後方部分のテープが浮きますが、これはあとから止めるため走行に注意すれば十分です。競技動作などにおいて深い屈曲位置をとった場合、膝関節の前方が離開し、脛骨が引き出される力が非常に強く生じるため、とくに強い支持性を求めた手段を選択しています。

4. 内側広筋サポート：スプリット

　膝関節内側の安定性を高めるためにスプリットテープを施します。これも「デニバン75mm」を使用します。下腿の周囲径の半分程度の長さに切り込みを入れ、二股に分かれる部分を膝関節内側のやや下の位置に合わせて、両端を前後から巻いて下腿を覆います。分かれ目の部分を手で押さえて、切り込みを入れていないほうのテープを引き上げながら、膝関節内側から膝蓋骨上方を通って大腿部外側へ向かって走行します

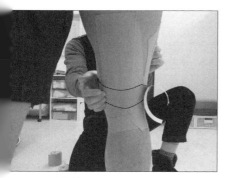 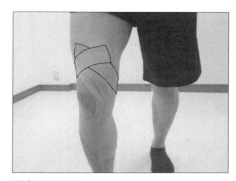

写真 5-3-11　　　　　　　　　　写真 5-3-12

（写真 5-3-9、10）。下腿周囲に巻くテープのポイントは腓骨頸部に有効な圧をつくることにあり、腓骨の支持性が高まることで膝関節機能がさらに安定化します。

5. 大腿部サポート

「デニバンライト 50mm」を使用し、膝窩の上部（ハムストリングスの筋腱移行部）からスタートし、テープの両端を左右から貼付していきます（写真 5-3-11）。内側から先に貼りますが、内側広筋の膨隆部を通って大腿部中央を越える位置までテンションをかけながら貼付します。次に外側からも引き上げながら外側広筋の膨隆下端部を包むように貼り、大腿部中央部で内側からのテープと交差するようにします（写真 5-3-12）。

2 本目は 1 本目にわずかに重なるようにしながら、1 本目よりも近位部に貼付します（写真 5-3-13）。

この大腿部サポートテープのもうひとつの非常に大きな目的は、ハムストリングスサポートのテープの浮きを制限することにあります。このテープがいわゆる支帯のような働きをすることで、ハムストリングスサポートが下腿を大腿骨の長軸方向に引きつけ、関節の安定性により有効な機能をサポートすることができます（写真 5-3-14）。

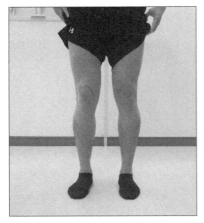
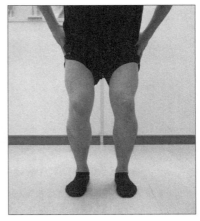

写真 5-3-15　　　　　　　　　写真 5-3-16

6. 確認

　テーピングの工程は以上です。最後にテーピングの効果を確認します。スクワットを行い重心の位置や関節の曲がり方を客観的に評価し、同時に本人の感覚も確認します。テープの張力が強すぎると違和感が生じるため、本人の感覚からフィードバックを得ることも重要です。テーピングの目的である前後、および内側への安定性のチェックとして、写真 5-3-15、16 のように関節が安定して正しい方向に曲げることができていれば、このテーピングの効果を得られているといえるでしょう。

　それぞれケースを想定した方法論になりますが、いうまでもなく、どれかひとつが必ずしも現場で遭遇するケースに適合するわけではありません。

　対象の持つ個体差や環境条件である不安定性や体重、体型、競技特性、皮膚の強さ、使用するテープの種類、重心位置や動作の傾向などによって、テープの走行や本数を調整する必要があります。

　しかし、テープを一本一本で捉え、どこを支点に、どこから始めて、どこで終わるかということは、構造と機能の観点から考えると、本質的には共通であるといえます。

　テープ一本一本にいかに意味を持たせ、それを選択し掛け合わせるかというところの工夫が、千差万別の状況に対して、より少ないコスト

で、運動制限の少ない効果的な手法になるといえるでしょう。
　膝関節に対して3種類のテーピング手法を通じて、一本のテープの持つ意味とその掛け合わせによる効果を参考にして、各状況に合わせた効率的なテーピングへと活かしてください。

腰部への「コンディショニングテーピング」

腰部：その1

骨盤や腰部の支持性を高める

　腰部と骨盤周辺の筋肉に対するサポートを行い、より機能的な肢位での支持性を高めることによって腰部への負担や動きの改善を図ります。深部の支持性改善を目的とし、強い固定力を必要としないため、テープは「デニバンライト50mm」を使用しています。

テーピングの手順とポイント
1. クロスサポート：下腹部外側から殿部上部の支持
　まず骨盤や腰部の支持性を高めるうえで、最も重要な機能である下腹部と殿部上部を支持します。

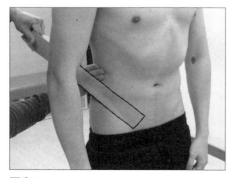

写真 6-1-1

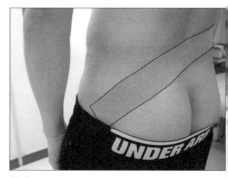

写真 6-1-2

上前腸骨棘と恥骨の中間部からテープをスタートさせ、鼠径靭帯から腸骨稜に沿って走行していきます。貼付時に本人に腹を引き込めるように凹ませてもらい、体側を通る際には一方の手で軟部組織を持ち上げるようにし、緩みがない状態で貼付するようにしていきます（写真6-1-1）。腹を凹ませる際は、骨盤を後傾させるのではなく、腰を立て体幹を扁平にするようにイメージします。

　体側を通過後、腰仙部を通って逆側の大転子の近位部に停止します（写真6-1-2）。腰仙部を越えて腸骨稜を走行する際は大殿筋を引き上げるイメージで、テープの下端を少し引き上げるように貼付していきます。

　逆側からも同様にテープを貼付します。このとき腸骨稜を指標にテープが走行するため、骨盤の歪みなどの状態によってテープが交差する位置が変わりますので、必ずしも身体の中心部で交わるとは限りません（写真6-1-3）。

2. フロントサポート：下腹部から骨盤前面の支持

　続いて骨盤帯支持の最も起点となる下腹部から、骨盤前部にかけての支持力をさらに高めます。

　クロスサポートのスタート位置を結ぶ線上にテープの中心を合わせ、両端を左右に引きながら貼付します（写真6-1-4）。中央を押さえながら下部を引き上げるように圧とテンションをかけていき、体側をやや越

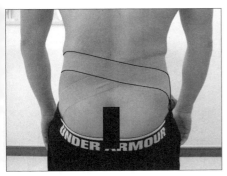

写真6-1-3

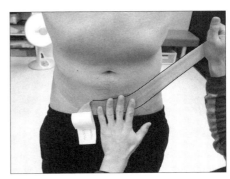

写真6-1-4

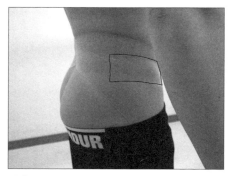
写真6-1-5

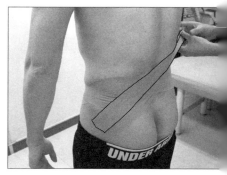
写真6-1-6

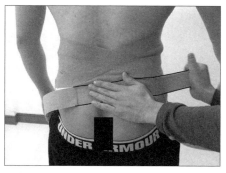
写真6-1-9

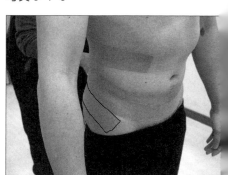
写真6-1-10

えたところで腸骨稜付近に停止します（写真6-1-5）。

3. バッククロスサポート：殿部外側から腰部・腹部・外側部の支持

次は骨盤後面の支持性を高めるために、殿部上部から肋骨下部にかけて、殿筋群や腹斜筋への着圧をつくります。

1本目のクロスサポート停止部から、テープ1/2だけ上方にずらした位置からスタートし、クロスサポートに沿って貼付していきます（写真6-1-6）。体側部からは腸骨稜に沿うのではなく、そのまま肋骨下部に向かって走行していきます（写真6-1-7）。これにより体側部の腹斜筋や腹横筋の支持力を高めます。体側部は皮膚も軟らかく弱いため、テープの端や起始部・停止部に急な牽引が生まれないように、注意が必要です。

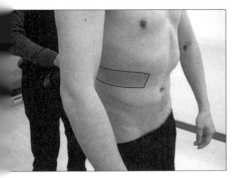
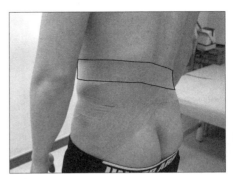

写真 6-1-7　　　　　　　　　　写真 6-1-8

　逆側も同様に貼付していきます。こちらも身体状態によって、交差する位置が中心ではないことがあります（写真6-1-8）。

4. バックサポート：仙腸関節の支持

　仙骨から腸骨の前方へテープをかけることにより、仙腸関節面への圧を高め関節を支持します。フロントサポートと同様にテープの中央部からテンションをかけていきます。テープの中央部を仙骨に当て（写真6-1-9）、両端を引きながらそれぞれ上前腸骨棘の下方に停止するように貼付します（写真6-1-10）。テープを引く際は、貼付する側の大殿筋が収縮位を保ちやすいように、逆側の手で少し上方へ誘導しながらテープを貼付します。

5. フロントクロスサポート：股関節前面、骨盤の開排(かいはい)の抑制

　骨盤の外側部から対角に向けて牽引することで、骨盤の開排を抑え、股関節の求心性を高めることで体幹の支持力を高めます。

　テープは大転子の内方、大腿筋膜張筋筋腹の外側あたりからスタートし（写真6-1-11）、下腹部を通って軟部組織を引き上げながら腸骨稜の上方を通って（写真6-1-12）、上後腸骨棘に停止します（写真6-1-13）。こちらも貼付の際は本人に腹を凹ませてもらい、サラシを巻く要領で圧をかけていきます。左右両方から行うので、下腹部でテープが交差します。

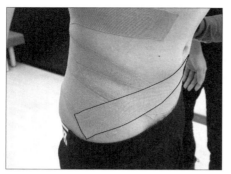
写真6-1-11

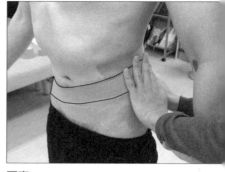
写真6-1-12

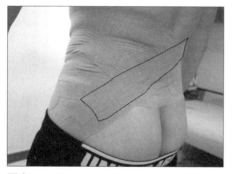
写真6-1-15

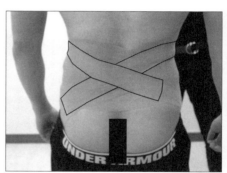
写真6-1-16

6. クロスサポートⅡ：骨盤安定性の改善、全体の調整

　最後に骨盤周囲全体の調整を図るために再度クロスサポートを行います。下腹部の中央よりもやや外側から斜めにスタートし、これまでと同様に腹を凹ませた状態で、軟部組織を持ち上げるようにしながら、体側を通っていきます（写真6-1-14）。体側を過ぎてからは逆側の大転子に向かって走行し、大転子よりも近位部に停止します（写真6-1-15）。最後のテープとなり、また全体の調整を図るため、ほかのテーピングの走行を踏まえて、テープの走行位置を判断します。とくに体側部の支持が弱いと感じられるところに貼付するようにします。逆側からも同様に行い、両体側をしっかりとサポートします（写真6-1-16）。

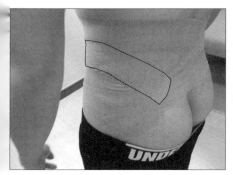
写真6-1-13

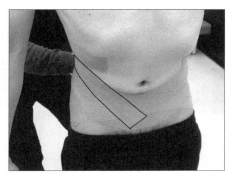
写真6-1-14

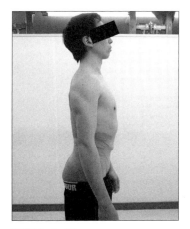
写真6-1-17

7. 確認

　以上で腰のコンディショニングテープの完成です。このテープによって骨盤周囲の支持性が高まり、適切な腰椎の前弯をつくることができるため、胸郭も自然と開いて肩甲帯が下がり、体幹全体の支持性や機能性が改善します（写真6-1-17）。体側部もテープによって軟部組織を引き上げることにより腰部の安定性が高まるので、貼付後は体側部の緩みが残っていないかを確認してください。

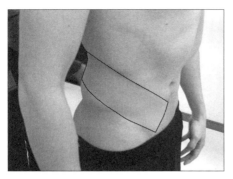

写真 6-2-1

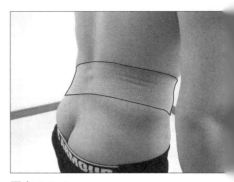

写真 6-2-2

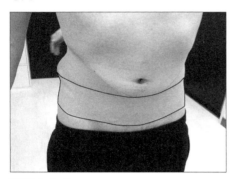

写真 6-2-5

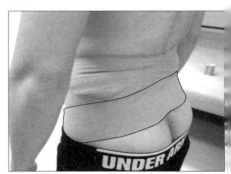

写真 6-2-6

腰部：その2

骨盤や腰部の固定力をさらに高める

　前項に引き続き腰部のコンディショニングテープを紹介します。これはさらに固定力を高めたテーピングになります。症状の程度が強い場合や、運動の強度が高い場合においても腰部が正しいアライメントで保護され、適切な動作が維持されるように、腹部や殿部の安定性を高め腰部の自然なバックアーチをつくることを目的とします。

　テープは高い固定力が必要となるため、より幅が広く伸縮力の強い「デニバン75mm」タイプを使用します。前項同様に、腰部や腹側部は皮膚が弱いため、急激な方向転換や、テープの側端や起始・停止部分に極端な牽引や圧迫が生じないように注意が必要です。

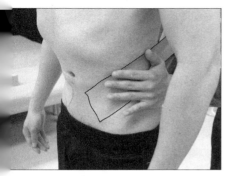 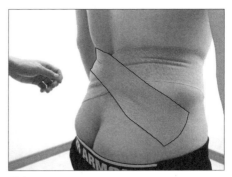

写真6-2-3　　　　　　　　　　写真6-2-4

テーピングの手順とポイント
1. クロスサポート：下腹部外側から殿部上部の支持

　上前腸骨棘のやや内側から開始し、腸骨稜に沿って貼付します。貼付する際はテープの下縁から引いてテンションをかけます。前項と同様、本人には腹を凹ませた状態にしてもらい、体側部を通る際は軟部組織を引き上げるようにしながら貼付していきます（写真6-2-1）。体側を通った後は腰部を斜め後方へ走行し、逆側の中殿筋あたりに停止します（写真6-2-2）。逆側も同様に貼付します（写真6-2-3、4）。

2. フロントサポート：下腹部から骨盤前面の支持

　続いて前側のサポートです。テープの中心を下腹部に合わせて左右それぞれに引きながら貼付していきます（写真6-2-5）。テープはそのまま真横に走行します。中殿筋の筋腹部分を少し上方に引くようにしながら着圧をつくり、最後はクロスサポートの停止部付近に停止します。

3. バックサポート：仙腸関節、殿筋群上部の支持

　次に後面からのサポートを行います。フロントサポートと同様に、テープの中央から貼付します。中央を仙骨に合わせるようにスタートして左右それぞれにテンションをかけながら真横に走行して貼付します。フロントサポートと重なるようにし、鼠径部の外側、大腿筋膜張筋の内縁で停止するようにします（写真6-2-6）。

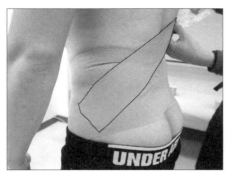
写真 6-2-7

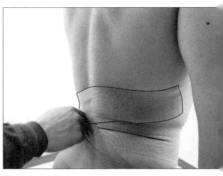
写真 6-2-8

写真 6-2-11

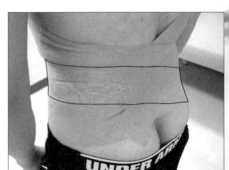
写真 6-2-12

4. バッククロスサポート：殿部外側から腰部・腹部・外側部の支持

　バックサポートに続いて、斜めに走行するようにテープを貼付していきます。腸骨稜の側方、中殿筋の筋腹あたりから開始し（写真6-2-7）、斜め上方へテンションをかけながら走行して体側部に停止します（写真6-2-8）。逆側からも同様に貼付します（写真6-2-9）。どちらも体側部に停止する際は、軟部組織を逆の手で持ち上げながら貼付するようにします。それにより、皮膚のたるみによる着圧の分散を減らし、また皮膚に対して均等に圧をつくることで皮膚の保護にもつながります。

5. クロスサポート：前腹部・側腹部支持性の補完

　「1のクロスサポート」と同様に体側部のサポートを行います。「1」

写真 6-2-9

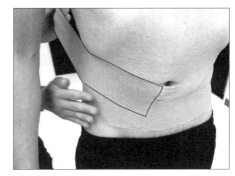
写真 6-2-10

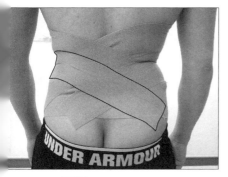
写真 6-2-13

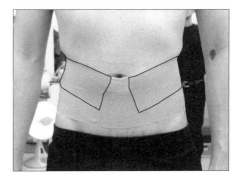
写真 6-2-14

よりもテープの幅1/2ほど上からスタートし、体側部を走行していきます（写真6-2-10）。体側を通過後、仙骨を越えて逆側の中殿筋あたりに停止します（写真6-2-11）。これまでのテープ全体の固定力にムラが生じないように着圧の少ないところを支持するように圧を調整して巻きます。逆側も同様に貼付します（写真6-2-12）。

6. 確認

　以上で完成となります。後面はクロスサポートが交互に編み込むような形になります（写真6-2-13）。前面はフロントサポートとクロスサポートのみが見える状態となります（写真6-2-14）。

この章の「コンディショニングテーピング」では、パワーポジションをとった際の腹部の内圧が強まるため、腰部に非常に強固な支持性が生まれ、自然な腰椎のバックアーチが維持されます。その分、脊柱起立筋などの周囲筋群や腰椎への物理的な負担を減らすことができます。疼痛の軽減や腰部の保護だけでなく、競技動作の安定化にも力を発揮します。グッドモーニングやSLDL（スティフレッグドデッドリフト）などのトレーニングの際に、腰部が安定してハムストリングスと殿部が効果的に動員されるようになり、ランニングやジャンプ、切り返しなどの競技動作においても同様に高い安定性を保つことで、適切な筋力の発揮を促すことができます。

7 胸郭への「コンディショニングテーピング」

胸郭を保護することで、痛みや負担を軽減して動ける状態にする

　このテープは胸郭部の挫傷や、肋骨の打撲や骨折などで痛みがある場合に、胸郭を保護することで、痛みや負担を軽減して動ける状態にすることを目的としたテーピングです。

　使用するテープは「デニバン75mm」と「デニバンライト50mm」です。

　肢位は、上肢を外転挙上位100°程度の位置で行います。この際に肩甲骨が上方に浮き上がり、肩をすくめるような肢位にならないように注意して、しっかりと下制位を保ちます。

　包帯法などと同様に胸郭部に圧をつくる際は、呼気時に圧が緩まないように、息を吐いた状態で貼付します。

　体側を通るときは脂肪など軟部組織を逆の手で引き上げてから貼付し、持ち上げるようにします。女性の場合には乳房の形状に合わせて少し引き上げた状態で、場合によっては「デニバンライト」など軟らかいテープや綿花で持ち上げた状態にして、胸郭に圧が生まれるようにテープを貼付します。

　多くの場合は下位肋骨が傷害されやすく、また動揺性・可動性も大きいため、肋骨第6番から第8番がしっかりと支持されることが最低限の目的になります。

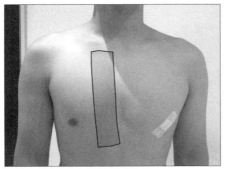

写真 7-1

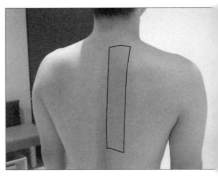

写真 7-2

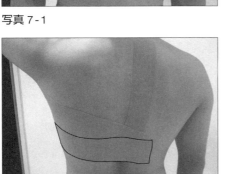

写真 7-5

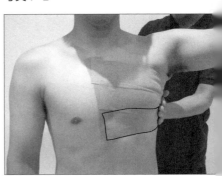

写真 7-6

テーピングの手順とポイント

1. アンカー

　まず初めにアンカーを貼付します。「デニバンライト50mm」を使用し、患部と逆側の胸骨外側に沿うように貼付します（写真7-1）。なお、患側の乳頭はテープによる摩擦から守るため、絆創膏などで保護しておきます。背面も同様に健側の脊柱起立筋群のあたりにアンカーを貼付します（写真7-2）。

2. 胸郭サポート：横圧

　次に胸郭の動揺性を減らし、安定化させるために圧を加えていきます。
　1本目を前面のアンカーの上位からスタートし、胸郭の形状に合わせてテンションをかけながら体側を通って背面のアンカーへ走行します。

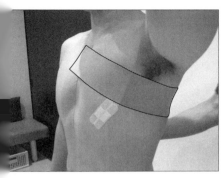

写真 7-3

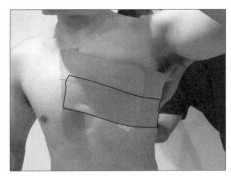

写真 7-4

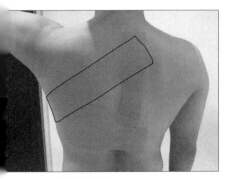

写真 7-7

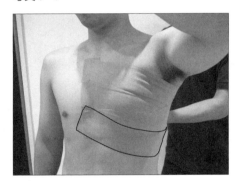

写真 7-8

停止位置は背面アンカーの下方になるように、テープ全体が斜め下に向かって走行するような形になります（写真7-3）。

2本目は1本目よりも下方を並行するように貼付しますが、上端がわずかに1本目と重なるようにします（写真7-4）。2本目の停止位置は1本目と重なる場所になり、1本目よりは斜めの走行にはなりません（写真7-5）。

3本目は前面のアンカーの下方からスタートします（写真7-6）。体側を通過後、これまでとは逆に背側アンカーの上方へ向かって走行し、アンカー上で停止します（写真7-7）。

4本目は3本目と同じ位置から開始しますが、下方へ角度をつけた状態で始めます。斜め下へ走行しながら3本目よりもテープの幅の半分ほど下方に貼付していき（写真7-8）、背面では3本目とわずかに重なり

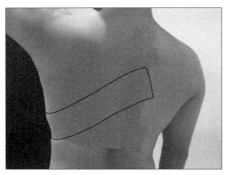

写真 7-9

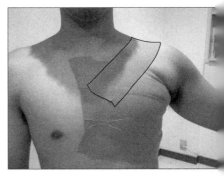

写真 7-10

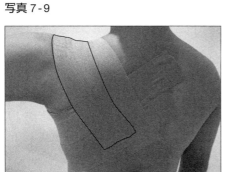

写真 7-13

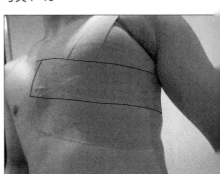

写真 7-14

ながら、背面アンカーに向かって貼付します（写真7-9）。

3. 胸郭サポート：引き上げ

　続いて胸郭の前面を上方へ引き上げ、肩甲帯を後下方へ支持するためのテープを施します。肋骨の6番から8番を持ち上げて締めることで胸郭が安定するので、このテープはそのための張力をかけることを目的としています。

　1本目は大胸筋の胸骨付着部付近からスタートし、テープを引き上げながら僧帽筋の中央部を通過して（写真7-10）、背面アンカーの下方で停止します（写真7-11）。

　2本目は1本目よりも下方を走行するようにして貼付していきます（写真7-12）。背面では1本目と並行して貼付しますが、最後はアンカー

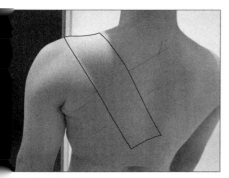

写真 7-11

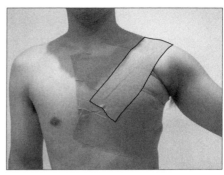

写真 7-12

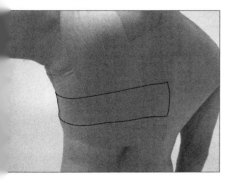

写真 7-15

まではいかず、並行したまま停止します（写真7-13）。

どちらも三角筋の前方を通過する際は、そのままでは水疱ができやすくなってしまうために、必ず皮膚を伸ばしてしわをつくらないようにしてから貼付するようにしてください。

4. 胸郭サポート：横圧・アンカー

次に胸郭への圧をさらに高めるためにこのテープを施します。また前項の引き上げテープがずれるのを防ぐアンカーとしても機能します。

前項の引き上げテープの開始位置に重ねて横方向に向かうようにスタートし（写真7-14）、胸郭の形状に合わせて、テープを強く引きながら十分なテンションをかけて貼付していきます。側胸部を通って背部のアンカーに停止します（写真7-15）。

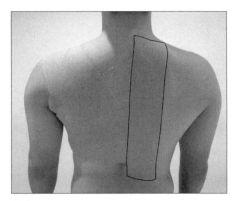
写真 7-16

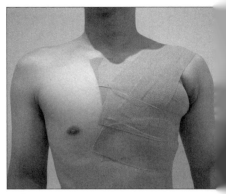
写真 7-17

5. アンカー

　最後に剥がれるのを防ぐためにアンカーを「デニバン75mm」で貼付します（写真7-16）。最初のアンカーをより軟らかい「デニバンライト」を使ったのは、張力が強く厚いテープでは皮膚への負担が大きくなり、創傷ができやすいためです。

　より強い支持力によってここまでのテープを止める必要があるため、面積が大きく張力の強いテープを選択します。また、このアンカーは脊柱部分の凹部でのテープの浮きを止める役割も果たしますので、脊柱起立筋の内側部分に合わせて貼付します。

6. 確認

　以上で完成となります。正面からみた状態が写真7-17になります。

　胸郭に対して適切に圧をかけ、また、肩甲帯を下方に支持することで、胸郭の安定性が高まるため、肋骨の打撲などに対して症状の緩和や負担の軽減が期待できます。

肩への「コンディショニングテーピング」

肩：その1

機能を極力制限せずに安定性を発揮する肩関節のテーピング

　テープは「デニバンライト50mm」を使用します。このテーピングの目的は、動きの自由度が高く不安定な肩関節を、その自由度を維持したままより安定させることにあります。求心性を高めて回転軸を安定させ、また挙上や外転における制限や抵抗を、極力生じさせないことが非常に重要となります。単純に脱臼方向など不安定位への制限をつくるのではなく、上肢帯をユニットとして体幹部からの連動を維持することが、肩関節の機能的テーピングの要素であるといえます。このテーピングの最も大きな利点は、そういった肩関節における重要な機能を極力制限せずに、安定性を発揮することにあります。

　テープを貼る際の基本的肢位は、肩甲上腕関節をゼロポジションの位置にします。また、そのほかの肢位でも同様ですが、肩甲骨のニュートラルポジションを保持することが重要となるため、僧帽筋上部に緊張が入りすぎないように注意します。必要に応じて壁に手をかけたり、もう一人補助に入ってもらったりするのもよいでしょう。

テーピングの手順とポイント
1. 三頭筋サポート
　初めに肘関節から肩関節後面の支持に大きく作用する上腕三頭筋をサポートしていきます。

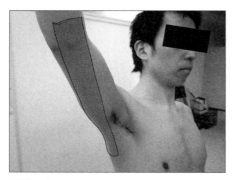

写真 8-1-1

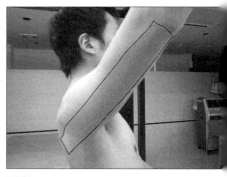

写真 8-1-2

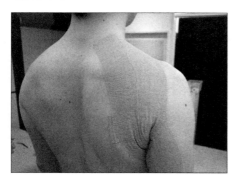

写真 8-1-5

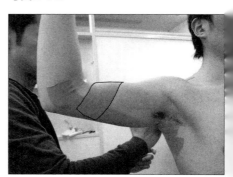

写真 8-1-6

　テープは尺骨近位内側部でスタートし、上腕骨内側上顆から上腕三頭筋内側部を通り、肩甲骨外縁に向かって走行して腋窩後方部に停止します（写真8-1-1）。次に肘頭の近位直上から2本目を開始して、上腕三頭筋外側面を覆いながら棘下筋中央に向かって走行します（写真8-1-2）。

2. 腋窩サポート

　続いて腋窩後方にある軟部組織に圧をかけることと、肩甲下筋付近の軟部組織を持ち上げてサポートする目的でテープを貼付します。関節に近い位置にある筋肉に対して着圧をつくることで、関節の支持性も高まります。

　ゼロポジションの姿勢のまま、腋窩の下部（前鋸筋のあたり）からスタートして肩甲骨上を僧帽筋上行部に向かって走行し、肩甲骨上角を越

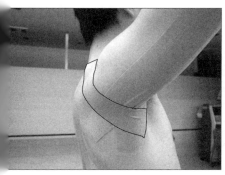

写真 8-1-3

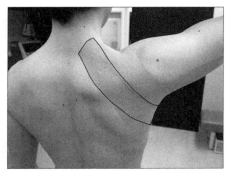

写真 8-1-4

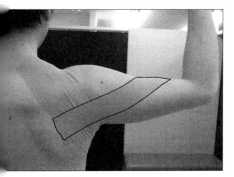

写真 8-1-7

えて僧帽筋にかかるところで停止します（写真8-1-3）。2本目は1本目にわずかに重なる程度で並行して貼付していきます（写真8-1-4）。腕を下ろすと写真8-1-5のようになります。着圧により肩甲骨の安定性が高まるため、自然と胸が張れた状態になります。

3. 上腕スパイラル

　次に上腕部前方部から肩関節後方へと、安定性を高めるテープを巻きます。

　肩甲上腕関節を90°外転、外旋位で肘を90°屈曲させた状態で貼付していきます。上腕の内側からスタートして上腕二頭筋の筋腹を覆うように外巻きに貼付していきます（写真8-1-6）。そのまま三角筋後部を包みながら棘下筋の下方に停止します（写真8-1-7）。2本目は1本目の近

91

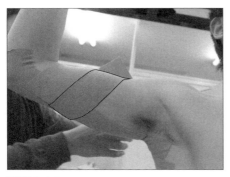

写真 8-1-8

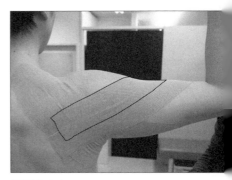

写真 8-1-9

写真 8-1-12

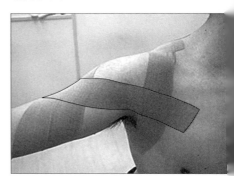

写真 8-1-13

位部を並行して貼付していきます（写真8-1-8、9）。

4. 胸部アンカー

続いて前面部支持のためのアンカーとしてのテープを貼ります。ま た、大胸筋の腱を押さえることで肩関節前面部の支持性の向上にも寄与 します。

僧帽筋に停止したテープに重なる位置から前方に走行し（写真8-1- 10）、胸筋群の筋腱移行部、三角筋前部線維の内縁を通って腋窩の前方、 前鋸筋あたりに停止します（写真8-1-11）。筋腹の形状に合わせるよう に、大胸筋下部線維を包むような形で、最後は少しテープの外縁を引き ます。

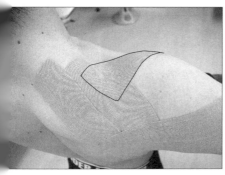
写真 8-1-10

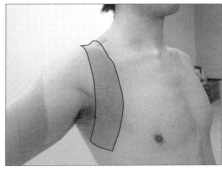
写真 8-1-11

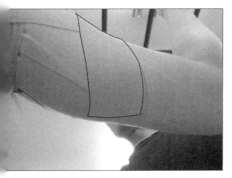
写真 8-1-14

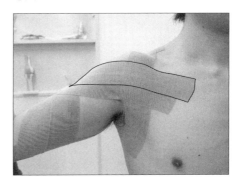
写真 8-1-15

5. 肩関節前部サポート

　このテープにより、肩関節外旋運動時の関節前部の離開ストレスを軽減することができます。脱臼リスクの高い場合はテープの種類や本数によって強度を高くして巻くこともあります。

　上腕三頭筋中央あたりから上腕部の外側を通って内巻きに走行し（写真8-1-12）、三角筋前部を通って小胸筋に停止します（写真8-1-13）。2本目は1本目の近位部を平行に通っていきます（写真8-1-14、15）。三角筋の停止部となる三角筋粗面から三角筋前部線維を覆うことで、着圧を適切に発生させることが重要です。

6. 三角筋サポート

　三角筋に対して着圧をつくることで、大きな出力による支持性を確保

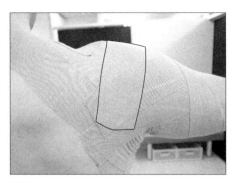
写真 8-1-16

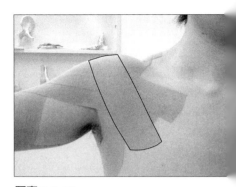
写真 8-1-17

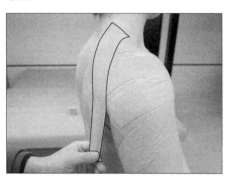
写真 8-1-20

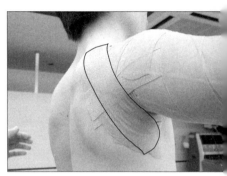
写真 8-1-21

します。三角筋後部線維の起始部を覆う位置からスタートして（写真8-1-16）、三角筋近位部全体を覆うような形で前方へ走行し、胸部に停止します（写真8-1-17）。2本目は1本目より遠位部から開始し（写真8-1-18）、三角筋を越えたところで1本目と交差して1本目より上方に停止します（写真8-1-19）。三角筋に対して少し近位方向へテープを引くことで三角筋の収縮力をサポートし、肩関節の求心性を高めます。2本のテープが交差するところを肩甲上腕関節の前部直上にすることで、前方不安定性に対する制限にも効果を発揮します。

7. 腋窩後壁サポート

最後に肩甲上腕関節機能を高めるうえで、最も重要となる腋窩後壁を

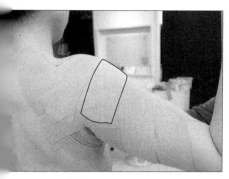 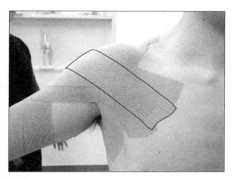

写真 8-1-18　　　　　　　　写真 8-1-19

サポートし、支持点をつくることでよりスムーズな動作を獲得します。僧帽筋上部線維中央で筋腹を包む位置から、背部に向かってテンションをかけながら貼付していき（写真8-1-20）、腋窩下方に停止します。このテープを貼付する際は、初めは腕を下垂位にしておき、肩甲骨の中央の高さを越えたあたりから、これまでと同様に90°外転位にして腋窩に向かっていくようにします（写真8-1-21）。

　腋窩直下、テープの上縁を締めることで、これまで貼付したテーピングに対してもテンションの支点をつくることになり、より関節運動に沿った支持力を発揮することができます。

　ここまでのテープで第一段階の完成となります。このテーピング法では、肘を伸ばした状態では肩の制限が強く、逆に肘を曲げた状態では制限が緩んで動きを出せるようになっています。これにより、投球やスパイクなどオーバーヘッド動作で、肩関節の動作を安定させることが可能となります。

肩：その2

脱臼リスクへの対応

　肩関節の前方不安定性があり脱臼リスクが高い人に対して、これまでのテープから、このあとの工程を追加していくことでさらに強い脱臼予防のテーピングを行うことができます。

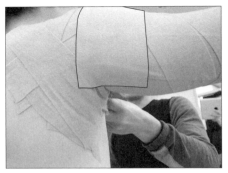
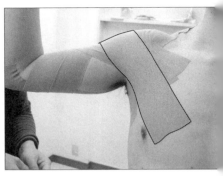

写真8-2-1　　　　　　　　　　　　写真8-2-2

　テープを巻く際の肢位は肩甲上腕関節90°外転、外旋位を基本とし、肘や肩の角度は症状に応じて調整した姿勢で施していきます。

テーピングの手順とポイント
1. 過外旋制限
　ここからは「デニバン75mm」を使用します。肩甲上腕関節の過外旋による上腕骨頭の前方変位で生じる脱臼肢位を制限します。腋窩の後面、三角筋後部から三角筋を覆うように走行し（写真8-2-1）、肩甲上腕関節を覆うようにテンションをかけ、同側の大胸筋中央に停止します（写真8-2-2）。

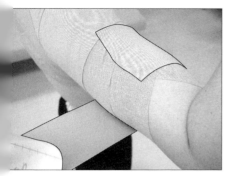
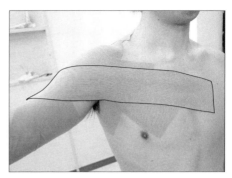

写真 8-2-3　　　　　　　　　　写真 8-2-4

2. 過水平伸展制限

　次に同じく脱臼肢位となる過剰な水平伸展位を制限します。テープは上腕二頭筋の筋腹の近位部からスタートし（写真8-2-3）、内巻きに巻いて上腕部を一周したあと、骨頭に力をかけられるように逆側の胸の方向へ走行し、胸骨を越えたところで停止します（写真8-2-4）。投球動作などを行う場合には、その動作において最も外転・外旋位になるところで、骨頭に対して最も支持性が高まるように角度を考えて貼付する必要があります。

　これらのテープを追加することで肩関節の前方不安定性を解消しつつ、動作をサポートすることができます。

肘への「コンディショニングテーピング」

支持性を高め機能的動作が可能となる 肘関節テーピング

　肘関節は、側方支持に作用する筋肉が少ないため、外部からの圧によって関節を支えることが重要であり、効果的になります。このテープは、アームカールのように肘関節に荷重がかかった際に、肘関節が安定して力を伝達することができるようにするためのテーピングです。

テーピングの手順とポイント
1. 貼付肢位
　使用するテープは「デニバンライト50mm」です。基本的に肘関節軽度屈曲位で巻いていきます。正しいアライメントで支持することが機能性を確保するうえで最重要な要素となります。したがって、肩甲帯から上肢も正しいアライメントとなるように、肩甲帯を下制内転し肩関節・肘関節・手関節の中央が一直線になるようにポジションをつくります。

2. 内側支持テープ
　尺側の屈筋群を安定させ、回外時の不安定性に対する制限と支持性をつくるためにテンションをかけていきます。
　テープを尺骨の内側からスタートして筋肉を尺側からやや背側へ引くようにしながら、肘関節内側後面を通り、関節を越えたところで肘関節に引っかけるようにテープの下縁を引きながら、上腕後面に向かって貼付していきます（写真9-1）。この際、施術者がテープの走行に合わせ

て、一方の手で患者の前腕の筋肉を尺背側へ少し引くようにすると、より支持性が高まった状態でテープを貼付することができます。

3. 内側支持テープ

次に肘関節内側面をさらに支持するために、1本目の開始位置よりも後面側からスタートし、前腕の近位部で1本目と交差して肘関節の前面寄りを通りながらテンションをかけて上腕後面、上腕三頭筋遠位部をやや越えたところで貼付します（写真9-2）。

4. 内側スパイラル：内巻き

橈骨中央部のやや背側から肘関節内側に向かって斜めにスタートし（写真9-3）、内巻きに手根屈筋群を包むように走行して肘関節の内側を

写真 9-1

写真 9-2

写真 9-3

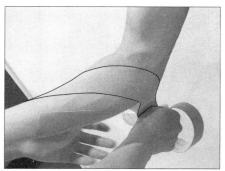

写真 9-4

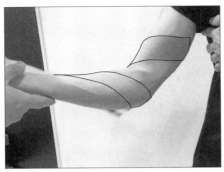
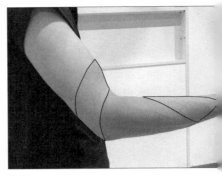

写真 9-5　　　　　　　　　　　写真 9-6

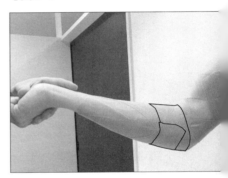

写真 9-9　　　　　　　　　　　写真 9-10

通過し上腕背面から外側に抜け（写真9-4）、上腕二頭筋の外側部から内側に向かって軽く締めるように貼付します（写真9-5、6）。

5. 内側スパイラル：外巻き

　内巻きスパイラルのスタート位置と同じところから外向きにスタートし（写真9-7）、内側上顆から手根屈筋群の近位部に着圧をつくりながら肘窩を通って、上腕後面を一周して上腕の内側、内巻きスパイラルと同様の位置に停止します（写真9-8）。

　この2本のスパイラルによって手根屈筋群と上腕二頭筋への着圧と、肘関節内側スパイラルのテンションによって肘関節内側がテコの支点となり、前腕の外反方向への制限支持を高めることができます。

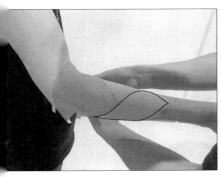

写真 9-7

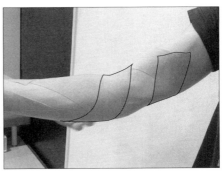

写真 9-8

写真 9-11

6. 前腕サーキュラー：近位

　関節中心部の安定性を高めるために、拳を握って前腕の筋群を緊張させ、手関節を背屈位にした状態で、前腕の近位部を外巻きに巻いて締めていきます（写真9-9、10）。

　このテープの狙いは、ここまでのテープが肘関節を支点に走行が変化し、不安定になる運動時にずれるリスクを抑えることと、関節近位部に対しては円周状に着圧をつくることで、さらに関節支持性を高めることにあります。

7. 前腕サーキュラー：遠位

　前項と同様に、前腕の筋群の筋腱移行部も下縁を少し引きながら外巻きに巻いて締めていきます（写真9-11）。

　こちらも先のテープのアンカーとしての意味合いと、円周状の着圧で前腕筋腱の走行を安定させることに目的があります。

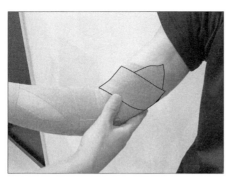
写真 9-12

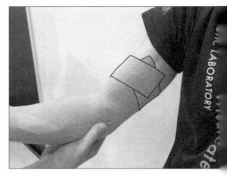
写真 9-13

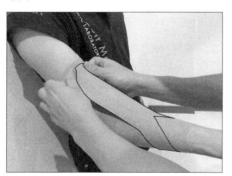
写真 9-16

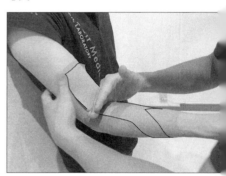
写真 9-17

8. 上腕サーキュラー

　続いて、上腕二頭筋の外側に着圧による壁をつくるためにテープを貼付します。長さを取ったテープの中央を上腕の外側に当て、内巻きになるように後面から先に貼付して、次に前面を貼ります（写真9-12）。前面を通る際は、上腕二頭筋の筋腹に沿うように下縁を少し引きながら貼付します。2本目も1本分近位部にずらして、同様に筋腹を包むように巻きます（写真9-13）。

　これらのテープによって肘関節の内外側に着圧をつくることで前後方向は十分に可動するものの、側方に対しては安定性が高まり、関節がよりスムーズに動きやすい状態をつくることができます。

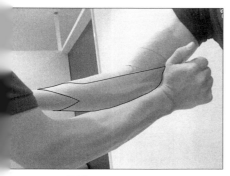 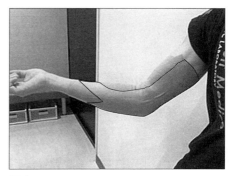

写真 9-14　　　　　　　　　　　写真 9-15

内側不安定性が高い場合

　外傷性のケガなどで、肘関節の内側不安定性が非常に高い場合はさらに強く制限をつくります。ここでは「デニバン75mm」を使用します。テープに切り込みを入れてY字になるようにし、スプリットの部分を尺側の屈筋群の走行に合わせて包むように貼付し、テンションをかけます（写真9-14）。スプリットのもう片方も背面で同様に走行して、前腕を囲みます。

　このとき停止部がスプリット中央と前腕に対して、対角の位置になるようにすると安定性が高まります。次に切り込みを入れていない逆側を、肘関節の内側に向かってしっかりと引きながら肘関節内側を覆うように貼付していき、肘関節を越えて上腕内側に停止します（写真9-15）。

伸展制限

　さらに伸展制限をかける場合にはこのテーピングを行います。テープの片側に切り込みを入れてY字にして、スプリットの分かれ目を前腕の中央部に合わせてスプリットを左右から前腕を一周させ後面で停止します。次に肘関節を屈曲させた状態でテープの先端を上腕二頭筋に向かって最短距離で引きながら貼り（写真9-16）、テープの中央の浮いたところを肘関節に合わせて押し当てて貼ります（写真9-17）。

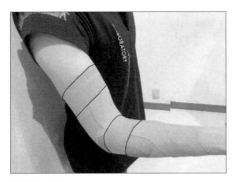

写真 9-18

　次に前腕の近位部に「デニバンライト50mm」を使用して一周巻き、テープが浮くのを抑え、同様に上腕二頭筋の筋腹も一周巻いて停止部を固定します（写真9-18）。

　このテーピングでは肘の伸展を制限しながらも、最終域では遊びがあるので、動きの自由度が高くなります。この遊び感は一般的なエラスティックテープでは出にくいので、「デニバン」など強度が高くかつ収縮性に優れたテープを使用することが有効です。

手関節への「コンディショニングテーピング」

手関節（手首）の安定と把持機能を高める

　手関節を固定するテーピング方法は様々ありますが、手関節を固定しすぎるとほかの関節に負担をかけたり、競技動作が行えないなどの弊害が起こります。ここで紹介するのは、そうした弊害を最小限に抑え、手関節の動作を安定させるテーピング方法になります。

　手関節が安定すると、把持機能も高くなるため、把持によって道具を扱うスポーツや、サッカーのゴールキーパーのような手関節部分の動きは制限せず、かつ安定性を高めたい競技には有効に活用できます。

　テーピングのポイントは手掌部が開き、掌側の筋肉（母指球・小指球）の形状が整い、筋機能が安定するように着圧をつくることと、手関節の橈側・尺側の両側面が支持されるように圧をかけることです。それにより外圧で安定性が高まったうえでも、中心部となる手根骨のユニットが橈尺骨の遠位茎状突起からなる「ほぞ」への滑り込みを安定させることにつながります。

　テープを巻く際は良肢位（橈側・尺側の中間位での軽度背屈位）をとり、手関節本来の支持性や可動性を得やすい状態にしてから巻くようにします（写真10-1）。

テーピングの手順とポイント
1. 橈側支持スパイラル：外巻き
　母指から中手骨を外転伸展方向に誘導し、母指CM関節や舟状骨を手掌が開く方向へ支持します。

写真10-1

写真10-2

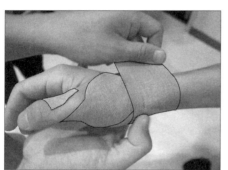
写真10-5

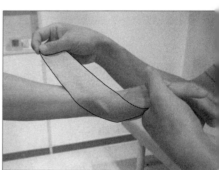
写真10-6

　まず、「デニバン50mm」の幅半分くらいのところから母指にフィットする形に切り出します（写真10-2）。切り出した先端を母指の基節骨の背側から外回りに一周巻いていき（写真10-3）、MP関節を橈側から背面へ走行し、手関節背面を通って、次に手関節部を一周回り背側で止めます（写真10-4）。母指MPから小指側へ入る部分は、CM関節列の尺側部分を求心方向に引っ張るように圧をかけていき、橈側から背側に抜ける際には、テープを遠位方向に引いて橈骨から舟状骨を背側に持ち上げるようにテーピングを施します（写真10-5）。

　このテープを巻く際、もう一方の手で第一中手骨が軽度橈背屈で安定する位置へ、少し誘導させるように把持すると効果的です。

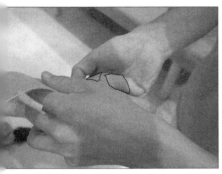

写真10-3

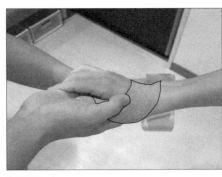

写真10-4

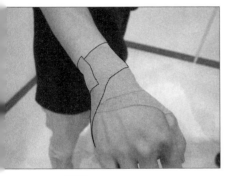

写真10-7

2. 尺側支持スパイラル：内巻き

次に手関節の尺側を安定させるため、小指球からテープをスタートさせ、小指側から背面に向かって貼付します（写真10-6）。開始部では小指球の形状に合わせて包むようにテープを巻きます。そのまま第5中手骨を手関節方向に引きながら手関節背面を通り、母指側から前面を走行して小指側から再び背面に回って停止します（写真10-7）。この際も手関節を軽度背屈位で安定させるため、手関節の背面遠位側に圧が生まれるように、テープの遠位縁を少し引いて貼付します。

3. 橈側支持スパイラル：内巻き

「1の橈側支持スパイラル」と同様にテープが母指の形状にフィットするように尖端遠位側を半U字に切り出します。母指の基節骨外側から

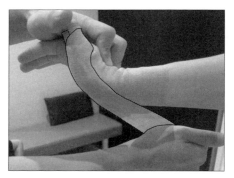
写真10-8

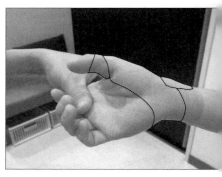
写真10-9

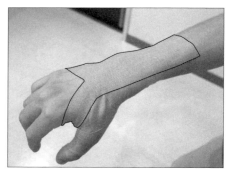
写真10-12

内回りに貼付し、一周したところで母指球の方向へ引きながら貼付します。その際に他方の手で母指と手関節を他動的に背屈させながら、テープを引いて関節にかけるようにします（写真10-8）。母指球を通過後、小指側のCM関節を通り、背面を回って橈骨茎状突起を包むように停止します（写真10-9）。

4. 手掌面支持スパイラル：外巻き

次に小指球および母指球の機能を安定させるためのテープを貼付します。まず小指球中央に尺側のテープを少し余して貼付し、余したテープを第5中手骨背側へ、反対側は手掌面を通り母指CM関節に向かって走行するように貼付していきます（写真10-10）。手掌面を通る際には、母指球の内側に合わせて切れ込みを入れておくことで掌の窮屈感がなく、

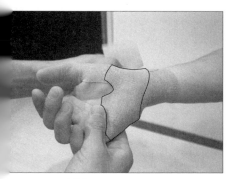 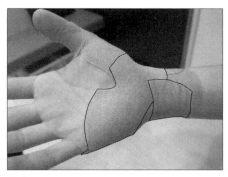

写真10-10　　　　　　　　　写真10-11

スムーズに開排掌握することが可能になります。母指側のCM関節を通過後は、背面を回って小指側から前腕前面に戻って停止します（写真10-11）。この母指CM関節部分を通る際も、舟状骨が背側方向へ支持されるようにテープの遠位縁を少し引いて圧をつくることを意識します。

ここまでのテープで、母指球および小指球が開き、手関節の橈側・尺側が支持されます。これでも支持感が不足する場合には、さらに手関節背面を安定させるため、次のテープを追加します。

5. 背側スプリット

手関節を掌背屈のしやすい適切な位置に安定させるためのスプリットテープを貼付します。

テープの中央に切り込みを入れてY字にし、その切り込みの分岐部を第3中手骨の中央に合わせて貼付します。続いて切り込みの両端を示指と小指の側方からそれぞれ前面に回って掌を一周包むようにします（写真10-12）。この際、中手骨間に圧迫が強すぎると痛みや可動不全の原因となるため、軽く覆うように貼付します。切り込みと反対側はテープを引きながら手関節を越えて前腕まで貼付します。この際も必ず、テープを持たないもう一方の手で、手関節が求心性を保った状態で軽度背屈するようにして支え、関節部分にテープが密着するように押さえながら貼付していきます。

初めからある程度強度の高い支持が必要とされると想定されるときに

写真10-13

は、初めにこのスプリットテープを貼付することも、剥がれにくい状況をつくり牽引力を高めるために有効な選択肢のひとつになります。

6. 確認

　以上で完成となります（写真10-13）。最後に、動作の安定性を確認して終了します。

　このテーピングによって基本的な関節のアライメントが支持されるため、強い固定を目的としてホワイトテープなどを巻く場合にも、その前にこの「コンディショニングテーピング」を実施することは効果的です。

著者紹介

古石　隆文（ふるいし・たかふみ）

1980年、京都府京都市生まれ。
愛媛大学理学部にて発生生物学を専攻。
公務員、海外在留を経て、履正社医療スポーツ専門学校柔道整復学科を卒業。
2010年、株式会社5-RELAXに入社。スポーツ選手から一般の方まで幅広い世代に対し予防医療の啓蒙と身体教育を行う。その他スポーツトレーナーとしても活動する一方、様々な場所で、健康のあり方に対するマネジメントやプロデュースも行う。
2013年、同社「コンディションラボKITADA」施設長、2018年、専務取締役に就任、現在にいたる。

コンディショニングテーピング

2018年9月15日　第1版第1刷発行

著　者　古石隆文
発行者　松葉谷　勉
発行所　有限会社ブックハウス・エイチディ
　　　　〒164-8604
　　　　東京都中野区弥生町1丁目30番17号
　　　　電話03-3372-6251
印刷所　シナノ印刷株式会社

方法の如何を問わず、無断での全部もしくは一部の複写、複製、転載、デジタル化、映像化を禁ず。
©2018 by Takahumi Furuishi. Printed in Japan
落丁、乱丁本はお取り替え致します。